El Druida

El Druida

Cómo conectar
espiritualmente
con la tierra

—— ❊ ——

Maria Ede-Weaving

EDICIONES

LU

Librería Universitaria

BARCELONA

Para mi padre Bertie, que inspiró en mí
un profundo amor por la naturaleza y el aprecio
por los caminos salvajes, donde perderse
es el principio de encontrar tu propio hogar.

Imágenes cortesía de Shutterstock.

Esta edición fue publicada en 2023 por Arcturus Publishing Limiteds
26/27 Bickels Yard, 151-153 Bermondsey Street, Londres SE1 3HA

Copyright © Arcturus Holdings Limited

EDICIONES

Librería Universitaria
BARCELONA

© 2024 Ediciones Librería Universitaria de Barcelona, S. L.
Joan XXIII, n° 27 - 08950 Esplugues de Llobregat
Tel. 93 289 01 46 - Fax: 93 371 94 38
info@edicioneslu.com
www.edicioneslu.com

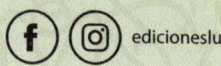 edicioneslu

ISBN 978-84-19282-96-5

Sumario

Introducción

Hace unos años visité Cornualles con motivo del solsticio de invierno y me alojé en una cabaña de pizarra cerca de Tintagel. Unos días después del solsticio, me desperté al amanecer para ver la salida del sol. El cielo era un abanico de colores pastel, con un impresionante banco de nubes de color rosa intenso que llegaban del otro lado del Atlántico.

Mientras me maravillaba con la belleza de la mañana, noté un movimiento en mi visión periférica. Junto a la cabaña, en el dibujo en espiga de un muro de piedra seca, había un pequeño reyezuelo. Brincaba por los huecos de la pizarra, buscando algún sabroso bocado para desayunar. Mientras observaba con atención a este pajarillo, sentí de repente la respuesta a un dilema que llevaba tiempo dándole vueltas. Después de haber practicado la wicca durante varios años, me abordó una gran curiosidad por el druidismo. Había investigado brevemente el programa de formación de la Orden de Bardos, Ovates y Druidas y me preguntaba si debería apuntarme y comenzar en serio mi viaje. Por alguna razón, presentí la aparición de aquel hermoso pajarillo como un mensaje y así comenzó mi aventura druídica. Poco sabía en ese momento que el reyezuelo

era un ave sagrada druídica y que su presencia actuaría como una
señal en mi camino.

Mi estancia en Cornualles, con su extraordinario paisaje, me
aportó muchas experiencias profundas. Cuenta la leyenda local
que el castillo de Tintagel fue el lugar de nacimiento del Rey
Arturo y que, bajo sus escarpados acantilados, la Cueva de Merlín
se extiende como un pasadizo subterráneo de un lado a otro de la
isla. La costa norte de Cornualles está impregnada de mitos y la
propia tierra parece antigua y llena de vida.

Mi cabaña daba a St Nectan's Glen, un empinado valle bos-
coso con una cascada poco habitual. Aquí el río desciende 15
metros hasta un estanque de piedra, o kieve, a través del cual se
abre paso, creando un arco natural en las rocas. Algunos creen
que San Nectan no era un hombre, sino el dios celta Nechtan,
esposo de Boann, diosa del río Boyne en Irlanda. Según la leyenda, Nechtan era el guardián del Pozo de Segais, fuente mitológica
del Boyne y hogar del Salmón de la Sabiduría, criatura del Ciclo
Feniano de la mitología irlandesa.

No es difícil sentir a los antiguos dioses en St Nectan's Glen:
la inusual forma de la cascada y la extraordinaria belleza y la atmósfera del lugar son profundamente sagradas. Si se sigue el río
tierra adentro desde la orilla del océano, a través de laberintos
excavados en la pared rocosa, serpenteando por bosques de robles
nudosos hasta la cascada, se tiene una sensación de peregrinación.

Es como si el caminante emprendiera este viaje en busca de la sabiduría del agua y se nutriera de ella; para ser curado y sostenido por la magia de Boann. Me enamoré completamente de este lugar e, incluso después de marcharme, su atmósfera me siguió a casa, infundiendo a aquel primer año de estudios druídicos un tipo especial de energía y concentración.

Aquellos primeros pasos en el camino del druidismo me enseñaron que el paisaje está lleno de significado y magia; que el mundo natural es un poderoso maestro y que puede hablarnos de la pertenencia perdida y del deseo de volver a conectar. Si nos comprometemos y escuchamos profundamente su voz, puede guiarnos a ese manantial sagrado, a ese lugar de sabiduría dentro de nosotros,

donde los salmones nadan en aguas cristalinas y los antiguos dioses ofrecen su profunda curación y transformación. El druidismo vivifica nuestra visión del mundo.

Muchos años después, aprecio el significado de ese pequeño reyezuelo. Todavía puedo verlo saltando en los huecos de ese muro de piedra seca, explorando sus grietas oscuras y sus superficies brillantes, sus dibujos y formas musgosas, animándome a hacer lo mismo en mi exploración de mí misma. Simboliza mi búsqueda de la sabiduría de la naturaleza, del misterio y la sacralidad de la vida. Te ofrezco las siguientes palabras como si fueran tu propio reyezuelo, para que te guíen en tu viaje a casa.

Sabiduría antigua ~ Perspectivas modernas

¿Qué es el druidismo?

¿**A**lguna vez te has despertado cuando el mundo es aún un collage de sombras y has salido al bosque? ¿Has sentido cómo el aire frío te humedece los labios mientras inhalas y exhalas o has notado que tus sentidos alcanzan la plenitud de la oscuridad? ¿Has sentido tus músculos tensarse contra el frío temprano o has oído el crujido de tus pasos sobre la escarcha cuando la delgada y ardiente línea del sol naciente rompe el horizonte?

¿Alguna vez te has acostado escuchando los ladridos de un zorro? ¿O has observado un grupo de gansos al atardecer, o has oído el silbido aflautado, potente y melancólico del zarapito por las marismas? ¿O tal vez has paseado por una concurrida calle de la ciudad, con el sol acariciando tus mejillas y un denso calor caldeando la acera, y has visto una lavandera solitaria corriendo y moviéndose velozmente entre los transeúntes?

Estas experiencias nos recuerdan que existimos en un mundo material, pero no mundano. Quizá despierten en nosotros un recuerdo de nuestra infancia, cuando nos absorbía la maravilla que nos rodeaba, ansiosos por explorar sus misterios, curiosos y atentos a cada nuevo descubrimiento. Tal vez recordemos un profundo

sentimiento de pertenencia cuando sentíamos la hierba entre los dedos de los pies y el amplio cielo se arqueaba protectoramente sobre nosotros.

El recuerdo de un compromiso despreocupado con la naturaleza puede ser especialmente conmovedor en estos tiempos difíciles. La humanidad se enfrenta actualmente a retos sin precedentes. Nos enfrentamos a una crisis climática. Nuestro planeta se ve cada vez más sacudido por fenómenos meteorológicos extremos que amenazan a las comunidades humanas y a los delicados ecosistemas, poniendo en peligro la supervivencia de innumerables especies. En la actualidad se reconoce ampliamente que los seres humanos han acelerado estos cambios. Hemos alcanzado un punto de inflexión y empezamos a reconocernos como habitantes disfuncionales del planeta que llamamos hogar. Para sobrevivir y evitar daños irreversibles, el calentamiento global exige que reflexionemos y cambiemos nuestro comportamiento.

Ante esta crisis existencial, muchos recurren a caminos espirituales y filosofías basadas en la Tierra que ofrecen una interacción más armoniosa y equilibrada con la naturaleza. Estos caminos nos piden que reevaluemos no solo nuestra relación con la Tierra, sino también la forma en que vivimos en nuestras comunidades y nos percibimos a nosotros mismos en el sentido más profundo de la palabra. Al reconocer la interconexión e interdependencia de estos tres ámbitos: el yo, la comunidad y la naturaleza, quizá podamos encontrar soluciones que nos saquen del abismo.

La cultura industrial ha intentado operar al margen de las leyes de la naturaleza, consumiendo y sobreexplotando los recursos naturales. Sin embargo, muchos de nosotros, preocupados por la dirección que estamos tomando, nos inspiramos ahora en las culturas indígenas modernas y en nuestros antiguos antepasados, en busca de modelos más sostenibles. Hay una llamada a vivir dentro de los límites de la naturaleza, una conciencia cada vez mayor de que trabajar en armonía con su delicado equilibrio nos ayudará no solo a sobrevivir, sino también a funcionar y prosperar como seres humanos. El druidismo responde a esta llamada.

Entonces, ¿es el druidismo la espiritualidad indígena del noroeste de Europa? Bueno, sí y no…

❧ Raíces profundas ❧

En el siglo XVII se produjo un renacimiento del druidismo en las Islas Británicas. Estos druidas, en su mayoría cristianos, se inspiraron, en parte, en la creciente curiosidad por antiguos monumentos de piedra como Stonehenge y Avebury, pues creían que estas estructuras megalíticas eran obra de los druidas. Aunque ahora sabemos que esas estructuras son en realidad precélticas, siguen siendo una intrigante clave de nuestra herencia precristiana. El potencial de estos extraordinarios círculos de piedra,

cámaras funerarias y túmulos para conectarnos de algún modo con el conocimiento y la sabiduría de los pueblos indígenas de estas tierras sigue siendo relevante para el druidismo actual. A través de estos lugares –y de la tierra bajo nuestros pies– podemos percibir un hilo conductor a través del tiempo; un vínculo con los pueblos que nos precedieron. Puede que ese renacimiento del druidismo fuera en busca de una época dorada de sabiduría perdida –una época impregnada de ideales cristianos–, pero sembró las semillas de lo que se ha convertido en el druidismo actual.

✺ Los Celtas ✺

Aunque muchas personas se sienten atraídas al camino druídico debido a su amor por la antigua cultura celta, los conocimientos reales sobre las prácticas espirituales de los celtas son limitados. Autores clásicos, como Julio César y Plinio el Viejo, dieron detalles de un pueblo que practicaba el sacrificio humano, aunque se ha debatido la fiabilidad de estas fuentes. Sin embargo, estos relatos también hacen intrigantes referencias a la reverencia de los celtas por las arboledas sagradas y su veneración por los poderes espirituales de la naturaleza. Sabemos que los celtas ofrecían hermosos objetos votivos a lagos y ríos y que crearon extraordinarias y complejas obras de arte en oro, bronce, hierro, piedra y cerámica, cada una de las cuales se caracterizaba por diseños fluidos que hablaban de una relación íntima con el mundo natural y sus patrones y ciclos interconectados.

Lo que sabemos de los druidas es que constituían una clase de la sociedad celta cuyos roles eran los de sacerdote, juez, consejero y maestro. Los autores clásicos mencionan también otras categorías de druidas. Se trata de los vate u ovate, expertos en las artes de la profecía y la lectura de los presagios, y de los bardos, guardianes de la memoria de la tribu, una función vital en una cultura oral en la que nada se escribía.

Una vez que el cristianismo se convirtió en la fe dominante en Europa, los eclesiásticos cristianos registraron elementos de la cultura oral celta. Estos documentos han conservado algunas de las antiguas leyes irlandesas y los mitos e historias de Irlanda

y Gales, aunque con cierto toque cristiano. Son como migas de pan, pistas dispersas pero tentadoras de creencias y tradiciones anteriores. El cristianismo no consiguió erradicar por completo la influencia de la cultura pagana, por lo que a menudo se construyeron iglesias en lugares de culto paganos; los dioses o diosas celtas se transformaron en santos cristianos y las fiestas cristianas se adaptaron a momentos significativos del calendario pagano.

Tanto si creemos que la sabiduría druídica ha pasado a la clandestinidad y que las partes que han perdurado se han integrado sutilmente en la cultura cristiana que la usurpó, como si creemos que la sabiduría druídica se ha extinguido en cualquiera de sus formas, el anhelo de ahondar en un pasado ancestral para redescubrir su sabiduría sigue siendo poderoso.

En el siglo XXI, persiste el anhelo del druidismo por el conocimiento ancestral que nos conecta con el pasado y enriquece nuestro presente. Al igual que sus homólogos del siglo XVII, el druidismo moderno sigue inspirándose en los celtas, aunque sus raíces se remontan a la prehistoria. La fascinación del druidismo moderno por la cultura celta ofrece una apertura a un bosque cuyo camino conduce a un lugar aún más antiguo. Sentimos una corriente vibrante que recorre todas las culturas prehistóricas –el círculo de piedra, los constructores de tumbas y los pintores rupestres– hasta llegar a los habitantes de los primeros bosques y las primeras comunidades humanas. El druidismo sugiere que la conexión con la tierra que sentimos que poseían nuestros antepasados más antiguos sigue existiendo en algún lugar profundo de nosotros.

En nuestra práctica druídica, tiramos del hilo que nos conecta con aquellos primeros seres humanos. Sentimos este cordón luminoso entretejido en nuestro ADN y lo vemos fluir a través de nosotros y hacia el futuro, buscando los corazones y las almas que aún están por llegar. La sensación de conexión de esta corriente a través del tiempo y el lugar despierta en nosotros un profundo interés por examinar nuestra relación con la tierra, el planeta y todos los seres. Nos desafía a ver que el hilo forma parte de una red, una red de extraordinaria belleza y complejidad.

Percibiendo nuestro lugar en este hilo conductor eterno, el druidismo honra sus antiguas raíces, pero reconoce que cada tradición espiritual es una entidad viva, que respira y que evoluciona con el tiempo. La tradición crece a través de las experiencias y la comprensión de cada practicante. ¿Cómo se expresa entonces el druidismo en nuestra era moderna?

❧ Un camino sin dogma ❧

Se suele decir que hay tantos tipos de druidismo como druidas. El druidismo es un camino sin dogma: no hay texto sagrado ni lista de reglas a seguir. Cada druida debe asumir la responsabilidad de sus propias creencias y se le anima a cuestionar y examinar las creencias y prácticas del druidismo. La mera fe en una doctrina no es suficiente: el camino debe coincidir con la integridad y la experiencia vivida del individuo. De este modo, la relación de un druida con el camino está en constante evolución y ha dado lugar a una espiritualidad que es rica y variada en su expresión.

Muchos, acostumbrados a que se les marque el camino, podrían inicialmente pensar que esta ausencia de dogma es desconcertante; podrían pensar que un camino sin reglas carece de una guía concreta, o podrían mostrar una falta de valores compartidos o de cohesión. Sin embargo, a pesar de la libertad que otorga el druidismo para crear un camino único según las necesidades del individuo, sigue habiendo valores fundamentales que todo druida debe compartir.

Valores fundamentales del druidismo

El druidismo es una espiritualidad respetuosa con la Tierra. Puede ayudarnos a vivir más plenamente en nuestro mundo y en mayor armonía con todos los que lo comparten. Se inspira en la sabiduría conocida de nuestros antepasados, adaptándola a las sensibilidades modernas y desarrollándola de forma que honre el pasado y enriquezca el presente. Nos ofrece herramientas para fomentar una conexión más profunda con la vida, con uno mismo y con la comunidad; para llegar a una comprensión más profunda de nuestra humanidad y para entender lo que significa formar parte de un ecosistema más amplio. Nos pide que cuidemos la Tierra y a todos sus habitantes, que la protejamos por el bien de todas las especies y de las generaciones futuras.

El druidismo es una espiritualidad del paisaje sagrado. Dondequiera que un druida viva en el mundo, dondequiera que vaya, uno de los principales objetivos de su práctica es conectar con la tierra. Tanto si nos encontramos en el corazón de una ciudad como en la naturaleza, en el exuberante verdor de un bosque, en un árido desierto o en una tundra helada, el druidismo nos anima a ser respetuosamente curiosos, abriéndonos al paisaje, su flora, su fauna, su topología, su geología y sus patrones climáticos y estaciones. Todas estas características se combinan para crear lo que el druidismo denomina el espíritu del lugar. El druidismo busca establecer una relación con el espíritu del paisaje, observarlo cuidadosamente para conocerlo más profundamente y cultivar su intimidad. El druidismo opta por reconocer y honrar este espíritu como sagrado y, por tanto, por valorarlo y protegerlo. Nos consideramos parte del ecosistema de ese lugar y aspiramos a vivir en armonía con su red y sus sistemas.

**El druidismo es una espirituali-
dad encarnada.** Reconoce y celebra
el hecho de que somos criaturas de
la Tierra y fomenta un compromiso
pleno y dichoso con nuestro ser sen-
sorial y físico. Sin embargo, también
reconoce que esos mismos sentidos y
nuestros extraordinarios cuerpos son
una puerta de entrada a la presencia
mágica del Espíritu. En el druidismo,
se cree que el Espíritu habita y anima
el universo. El druidismo reconoce
niveles de existencia que parecen estar más allá de nuestros cinco sentidos, pero que en realidad son extensiones de ellos: reinos
de magia y misterio que infunden nuestro mundo y son parte de
nuestro ADN espiritual y físico. El druida trata de abarcar tanto lo
material como lo mágico, sin separarlos.

**El druidismo es una espiritualidad de curación y transforma-
ción.** Reconoce plenamente que la vida puede ser difícil, que hay
dolor y desafío, pero también inspiración. La práctica del druidismo puede ayudarnos a afrontar compasivamente las dificultades y
la fealdad, y a experimentar más plenamente las alegrías, extrayen-
do significado, sabiduría y curación de todo el espectro de nuestras
experiencias. Al honrar los ritmos y las estaciones de la naturaleza,

y los ciclos de la vida, la muerte y el renacimiento, ofrece la oportunidad de trabajar positivamente con el cambio. A través de la autoexploración, recorremos un camino de transformación que nos ayuda a ser más auténticamente nosotros mismos.

El druidismo es una espiritualidad ecológica. Reconociendo la naturaleza interconectada e interdependiente de la vida en la Tierra, el druidismo comprende la fragilidad potencial de los ecosistemas y el impacto perjudicial que los humanos están teniendo actualmente en su delicado equilibrio. Nos pide que nos responsabilicemos personalmente de nuestro papel en la alteración de ese equilibrio y que busquemos y pongamos en práctica, en la medida de nuestras posibilidades, formas de ayudar a restablecerlo. Una posible opción sería revisar nuestro uso actual de los recursos y la energía y encontrar maneras de limitarlo o hacerlo más eficiente. También podríamos reutilizar, reponer y reciclar, o incluso podríamos plantar árboles o apoyar a organizaciones que hacen campaña y trabajan por un futuro más verde y sostenible.

El druidismo es una espiritualidad creativa. Celebra nuestros talentos y apoya el desarrollo de nuestros dones. Anima a compartir estos dones con el mundo, entendiendo que cada uno de nosotros tiene algo valioso que añadir a la historia de la vida. El psicólogo estadounidense Abraham Maslow reconoció, a través de lo que denominó la "jerarquía de necesidades", que cuando se satisfacen las necesidades más básicas de la humanidad

–una vez que tenemos comida, cobijo y seguridad– nos esforzamos por progresar hacia la autorrealización. Maslow entendió que este impulso por realizar nuestro máximo potencial es una parte fundamental de nuestra humanidad. En otras palabras, mientras no estemos hambrientos, sin hogar o en guerra, completamente consumidos por las exigencias de la mera supervivencia, llegaremos a un punto en el que se manifestará en nosotros la necesidad de expresarnos, crear, crecer y prosperar.

El druidismo comparte la opinión de Maslow de que los seres humanos nacen para expresar sus pasiones y dones; la creatividad forma parte intrínseca de nuestra humanidad. El druidismo celebra la creatividad como un acto sagrado y como algo que promueve nuestro bienestar personal y beneficia la salud de nuestras comunidades.

El druidismo es una espiritualidad ética. Nos anima a afrontar los retos sociales y medioambientales con compasión y la voluntad de ofrecernos como agentes de un cambio positivo. Nos anima a cultivar el sentido de la equidad y la justicia en todas nuestras relaciones y a contribuir a mitigar las injusticias de nuestro mundo. Nos anima a esforzarnos por resolver los conflictos pacíficamente y a reflexionar profundamente sobre el impacto de nuestras acciones en otros seres, en el mundo y en nosotros mismos.

El druidismo no solo reconoce la interdependencia del mundo natural, sino que considera nuestros sistemas sociales como un todo igualmente interconectado. El equilibrio de este conjunto puede verse afectado del mismo modo que pueden alterarse los ecosistemas de la naturaleza. La falta de justicia social, igualdad y equidad puede perjudicar gravemente a las personas y a las comunidades, creando sociedades disfuncionales que explotan y descuidan el bienestar de sus miembros. El druidismo explora formas de crear una comunidad que beneficie no solo a los humanos, sino también al mundo natural. Reclama un marco económico que sea sostenible para el planeta, pero que también aporte bienestar, salud y prosperidad óptimos para todos. El druidismo establece un importante vínculo entre el funcionamiento de las sociedades humanas y el equilibrio saludable de los sistemas de la Tierra.

Mirar atrás para Aprender: Avanzar y Prosperar

Como podemos ver, el druidismo es un camino espiritual adaptado a los retos y sensibilidades de nuestra era moderna. El druidismo busca la sabiduría de nuestros antepasados, a la vez que comprende que nosotros también somos los antepasados de nuestros descendientes; las elecciones y acciones que emprendamos hoy serán nuestro legado para ellos. Ahora que hemos explorado las creencias fundamentales del druidismo, veamos cómo se ponen en práctica.

Capítulo Dos

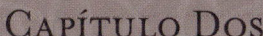

Los tres grados del druida ~ Bardo, Ovate y Druida

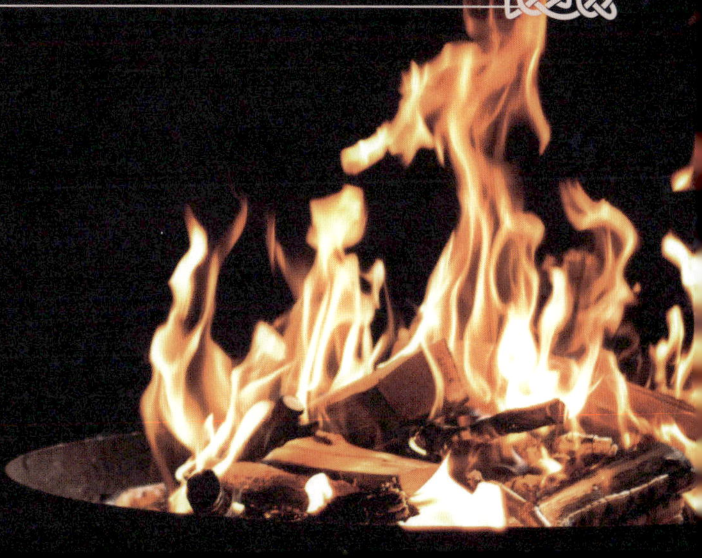

L a espiritualidad druídica comprende tres sendas en una. La primera senda es la del bardo, la segunda es la del ovate y la tercera es la del druida. Éstas se basan en las funciones que los antiguos druidas desempeñaban en sus comunidades. En el druidismo moderno, estas sendas se denominan a menudo grados. Cuando se estudian, constituyen disciplinas distintas y separadas, cada una con su propio enfoque y prácticas; sin embargo, a un nivel más profundo, actúan como una trenza entrelazada, cada una representando un área notable de estudio, pero juntas ofreciendo una fuerza mayor que sus hebras individuales. Muchas personas se sentirán atraídas de forma natural por una de las tres sendas, quizá porque refleje talentos e intereses particulares, pero estudiaremos las tres.

La senda del bardo

L os antiguos bardos eran los guardianes de la genealogía de
la tribu. En una sociedad sin registros escritos, eran los na-
rradores y guardianes de los mitos, receptáculos humanos de la
sabiduría ancestral, almacenada y transmitida de generación en
generación. Esta rica tradición oral era vital para la salud y la integridad de la comunidad, ya que enseñaba las lecciones apren-
didas y la sabiduría adquirida de los antepasados. Estos valiosos
conocimientos, superpuestos como capas, se convertían en los
cimientos a partir de los cuales la tribu podía seguir prosperando. Para los antiguos bardos, la palabra hablada era una sustancia
poderosa y mágica, y el tejido de palabras en una historia, una
oración, una bendición o una maldición se consideraba un acto
transformador.

Para los bardos modernos, el poder transformador de la
creatividad no es menos importante. Puede que ya no vivamos
en una cultura oral, pero seguimos comprendiendo el poder
del lenguaje para provocar cambios para bien o para mal. Como
bardos, somos conscientes del poder de las palabras para dar
forma a nuestros pensamientos y percepciones; nuestro discur-
so interior o el lenguaje que utilizamos con los demás pueden

darnos poder o quitarnos el que tenemos, así que aprendemos a elegirlas con cuidado y sabiduría. Para el bardo, las palabras son agentes mágicos de cambio.

Los bardos son magos que conjuran conceptos del mundo abstracto. Con esfuerzo creativo, los bardos transforman el pensamiento y la visión en materia. Aprendemos a imaginar claramente una intención en nuestra mente y con pasión, acción y concentración la hacemos realidad. Lo hacemos tanto si escribimos un libro como si horneamos un pastel o creamos un jardín; las artes bárdicas no son solo las de la música, el arte, la poesía y la narración, sino que son todas las que involucren creación.

La senda del bardo nos recuerda que al expresar nuestra creatividad estamos compartiendo algo de lo que significa ser humano. Incluso si no nos sentimos especialmente dotados, seguimos siendo seres creativos, cada uno con nuestras propias historias que contar sobre cómo podemos curar y trascender nuestras penas; cómo podemos abrazar y dar gracias por nuestras alegrías. Un Gorsedd (Gor-seth) –término que designa una reunión de druidas– suele incluir un Eisteddfod (Eye-steth-vod), el intercambio de artes bárdicas como la narración de cuentos, la poesía, la música y el canto.

Todos los actos creativos y mágicos tienen consecuencias; la senda bárdica nos obliga a reflexionar profunda y responsablemente sobre nuestras creaciones. Nos pide que consideremos si serán beneficiosas para nosotros mismos y para los demás. ¿Sanarán o dañarán? ¿Serán un regalo valioso para el conocimiento y la experiencia colectivos que transmitiremos a las generaciones futuras?

Las habilidades bárdicas están íntimamente relacionadas con la escucha y la palabra en su contexto más amplio. El bardo escucha no solo en los corazones humanos, sino también en las voces de la naturaleza, reconociendo que todos los seres resuenan con una frecuencia única. Un guijarro en la playa, una cadena montañosa, un ciervo en el páramo, un árbol en el bosque: cada uno tiene sus propias notas y ritmos que se propagan y se unen a todos los demás sonidos de la naturaleza en una vasta emisión tonal.

Todos los seres, animados e inanimados, comparten una frecuencia energética sutil. Parte del entrenamiento del bardo consiste en sintonizar e interpretar las voces individuales que encontramos en el mundo natural, dejando que infundan nuestra creatividad, sabiendo que la transmisión de la sabiduría colectiva no se limita a la tribu humana. No solo escuchamos con el oído, sino también con el corazón, el instinto y la intuición. Cuando estamos en estrecha sintonía, podemos oír cómo cada aspecto de la naturaleza expresa su historia y su experiencia. Al dedicar tiempo a escuchar y comprender, trascendemos nuestra separación y nos acercamos a lo que tenemos en común como miembros de la familia de la vida.

La senda del ovate

Los antiguos ovates eran los videntes y curanderos de la tribu, y esto sigue siendo así con los ovates modernos. La senda del ovate nos adentra en la naturaleza, en busca de los rincones más ocultos y oscuros del bosque. Nos conduce a lo más profundo de nosotros mismos para descubrir las partes más salvajes de nuestro

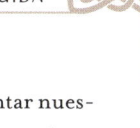

paisaje interior. El entrenamiento ovate pretende aumentar nuestra sensibilidad hacia las energías de la naturaleza, sus ciclos y estaciones, pero también hacia el misterioso Otro Mundo que existe más allá de las restricciones de tiempo y lugar.

Los herbolarios estudian los reinos vegetal, animal y mineral, tratando de establecer relaciones con ellos, aprendiendo sobre sus cualidades curativas. A menudo son herboristas o sanadores energéticos, psíquicos y psiquitivistas, extremadamente conscientes del mundo energético que brilla y fluye bajo la superficie de las cosas. Los ovates tienen mucho en común con las brujas y los chamanes en el sentido de que comprenden que el mundo material, aparentemente sólido, es en realidad una red de partículas danzantes. Si el bardo escucha y expresa los cantos de la naturaleza, el ovate los ve y los siente como hilos de energía, buscando reparar cualquier ruptura en esos hilos, o cualquier bloqueo e interrupción del flujo a lo largo de sus filamentos.

Al igual que la bruja y el chamán, los ovates tienen un pie en el mundo mundano y otro en el espiritual. Pueden ser médiums y sentir la presencia de seres de otro mundo o de aquellos que ya no están en el nuestro. Intentan comprender los misterios de la muerte y el renacimiento y nuestro papel como puente entre antepasados y descendientes.

El viaje del ovate puede implicar a menudo un viaje psicológico a los infiernos. Estos viajes son un tema recurrente en los mitos de muchas culturas, y aunque en apariencia simbolizan ciclos estacionales –explicando los inviernos sin vida y el regreso de la primavera–, también son importantes narraciones que iluminan dolorosas confrontaciones con nuestras propias sombras y nuestras impotencias y miedos.

Podemos experimentar el inframundo cuando nos enfrentamos a la muerte, el duelo, la enfermedad o la pérdida. Psicológicamente, estas experiencias pueden traer consigo depresión y pérdida de sentido: las estructuras familiares que nos han ayudado a navegar por la vida pueden derrumbarse, dejándonos a la deriva. Puede que ya no sepamos quiénes somos. El inframundo está dentro de nosotros como individuos y también como colectivo. Es lo que hay más allá de los límites cómodos y conocidos del ego. En todos los viajes al inframundo existe la sensación de tener que rendirnos, de tener que dejar morir a nuestro viejo yo para renacer. El ovate aprende a reconocerlo como un momento de transición: algo en lo más profundo de su ser lucha por una mayor autenticidad, una forma más verdadera.

Al experimentar estos viajes de primera mano, el ovate aprende a sentir una compasión y una empatía más profundas por la condición humana. Al llegar a comprender este proceso a través de una experiencia personal y profundamente vivida, el ovate puede conectar con su propia capacidad para curarse a sí mismo y ayudar a curar a los demás.

La senda del druida

La senda del bardo explora la experiencia de nuestra humanidad a través de la autoexpresión creativa. La senda del ovate explora los misterios más profundos de la naturaleza, la muerte y el renacimiento, y su sabiduría curativa. La senda del druida reflexiona sobre los significados filosóficos más profundos del ser, la comunidad y la naturaleza. Trata de comprender las relaciones entre estos elementos y cómo pueden trabajar en armonía para el bien de todos.

Los antiguos druidas eran conocidos por ser jueces, consejeros y maestros; eran mediadores de conflictos y facilitadores de rituales públicos. Los druidas de hoy en día se centran en el antiguo rol del sabio consejero. Buscamos esa parte de nosotros mismos que ha aprendido la sabiduría a través de la experiencia, contemplando el significado filosófico más profundo de nuestra existencia y cómo puede aplicarse de forma beneficiosa.

La senda del druida es a menudo la senda del consejero. Mientras que el ovate podría trabajar más con las energías sutil para curar, el druida podría recurrir a terapias habladas o métodos que utilizan la autoexploración y el autoconocimiento como camino hacia la transformación (aunque el trabajo

interior profundo ciertamente también tiene una impronta ova-te). Idealmente, el druida moderno es un mediador que intenta resolver los conflictos de forma pacífica. "Conócete a ti mismo" es un adagio druídico. Percibimos un vínculo entre el autoco-nocimiento y el bienestar y desarrollo del individuo. También reconocemos el vínculo entre la autoexploración y la salud de la comunidad. El druida entiende que si cada individuo adquiere una conciencia más profunda de sus propios problemas, tenemos más posibilidades de crear comunidades armoniosas. En esencia, la paz y la curación que buscamos dentro de nosotros mismos –aprender a gestionar nuestros conflictos internos y nuestras ten-dencias emocionales destructivas– pueden conducir a sociedades más sanas, felices y pacíficas.

El druida suele ser activista, ya sea en defensa del medio ambiente, trabajando por el trato humano de los animales

o desafiando las injusticias sociales y políticas para crear sociedades más justas. El druida reconoce que cualquier injusticia altera la salud y el equilibrio del conjunto y trata de remediarla lo mejor que puede.

Los druidas pueden sentirse atraídos por la enseñanza del druidismo o la facilitación de rituales o seminarios. El druidismo difiere de otras espiritualidades en la ausencia de clero. Cada druida es su propio sacerdote o sacerdotisa, que realiza ceremonias y tiene contacto directo con las fuerzas sagradas en su práctica. Sin embargo, algunos individuos destacan organizando eventos, escribiendo y facilitando rituales para grupos, o transmitiendo enseñanzas. Estos talentos se convierten en el don y servicio que pueden ofrecer a las comunidades. También pueden actuar como celebrantes de rituales importantes de la vida, como bodas, funerales o ceremonias para dar nombre a los hijos. En esencia, cuando alcanzamos la senda del druida, buscamos formas de servir a nuestras comunidades y a la naturaleza con los conocimientos que hemos adquirido.

❧ El Final es el Principio ❧

Al completar los tres grados, descubrimos que el final es un principio. Potencialmente, nunca dejamos de aprender y crecer a través de estas tres sendas y podemos revisitar cada una de ellas a lo largo del tiempo, si lo deseamos, descubriendo nuevas percepciones y una apreciación más profunda de sus dones.

Conectando con la energía ~ Nwyfre y Awen

La práctica druídica no solo nos prepara para comprometernos plenamente con nuestros cinco sentidos, sino que también nos ayuda a desarrollar antenas para las energías "invisibles". Estas fuerzas pueden percibirse en el límite de nuestros sentidos físicos y, por tanto, pueden parecer sobrenaturales y "más allá" del mundo material, pero, en realidad, fluyen dentro de toda la creación y son una extensión de ella.

Dos de estas energías sutiles con las que los druidas trabajan activamente para desarrollar una conexión son Nwyfre (*Nwoy-vre*) y Awen (*Ah-wen*).

Nwyfre

Nwyfre se define a veces "fuerza vital". Es la fuerza vital que fluye a través de todos los seres vivos. En el druidismo, lo que constituye lo "vivo" abarca un espectro que incluye no solo los reinos humano, animal y vegetal, sino también el mundo "mineral": el aire, el suelo, el sol, el agua, los sistemas meteorológicos y el propio planeta. Incluso en un cuerpo muerto –y, por tanto, técnicamente desprovisto de Nwyfre– podemos sentir su pulsación energética en las fuerzas de la descomposición, en las bacterias y microbios vivos que contribuyen a la descomposición de los tejidos. Nwyfre es vida en acción: es combustible y movimiento.

Nwyfre es abundante e infinito, pero el flujo de su energía puede fluctuar y disminuir, o incluso detenerse. Podemos entenderlo mejor si examinamos la forma en que Nwyfre actúa en nuestro cuerpo. Cada día afloran en nosotros muchas emociones y sensaciones. Idealmente, estas emociones se perciben y luego se mueven a través de nosotros y hacia el exterior. Sin embargo, si no se procesan (tal vez porque es doloroso enfrentarse a ellas) pueden seguir almacenadas en nuestro cuerpo, especialmente en los músculos. Esto puede manifestarse como nudos de tensión: manifestaciones físicas de un malestar psicológico más profundo. Estos nudos pueden restringir el fácil flujo de Nwyfre en nuestro sistema.

Podemos experimentar rigidez en nuestro cuerpo, pensamientos y emociones que afectan a nuestros niveles de energía y sensación de bienestar, desgastando con el tiempo nuestro sistema inmunológico y dejándonos vulnerables a las enfermedades. Si nos entrenamos para ser conscientes de nuestro flujo de energía –la forma en que Nwyfre se mueve a través de nosotros– podemos utilizar herramientas y técnicas para remediar cualquier bloqueo y aumentar nuestra fuerza vital.

Cuando construimos una mayor intimidad con nuestro yo físico, desarrollamos el potencial de escuchar verdaderamente al cuerpo. Tanto el dolor como la rigidez –o incluso el placer y la facilidad de movimiento– pueden decirnos algo importante sobre nuestro estado físico, emocional, mental y espiritual; cuanto más escuchamos, más reconocemos la interconexión de estas partes de nuestro ser y el impacto de Nwyfre en ellas.

El druidismo enseña que nuestras reservas de Nwyfre pueden aumentar o disminuir. Nuestras acciones y respuestas habituales pueden afectar a sus niveles, para bien o para mal, por lo que ser conscientes de cómo pensamos, sentimos y actuamos es enormemente útil. El estrés y las preocupaciones excesivas, el sueño inadecuado, la mala alimentación, la falta de ejercicio, la deshidratación, los sentimientos no resueltos y los conflictos son solo algunas de las cosas que pueden drenar nuestra fuerza vital. Afortunadamente, podemos atajar estos problemas adoptando hábitos respetuosos con Nwyfre:

- Contacto regular con la naturaleza
- Relajación, meditación y oración
- Alimentos integrales ricos en nutrientes
- Ejercicio regular
- Buen sueño
- Beber suficiente agua
- Trabajo respiratorio
- Estiramientos
- Caminar descalzo sobre la tierra
- Contacto afectuoso y estimulante con los demás
- Deshacerse del estrés y las preocupaciones

Todas estas actividades ayudan a crear y mantener nuestras reservas de Nwyfre. En algunos casos, como el trabajo respiratorio, el ejercicio, la inmersión en la naturaleza y la interacción alegre con los seres queridos, sentirás un efecto inmediato. Otros, como los cambios saludables en nuestra dieta, pueden tener un fuerte impacto a lo largo del tiempo. Pero todas estas actuaciones benefician nuestros niveles de energía si las llevamos a cabo con regularidad.

Probemos un par de ejercicios sencillos para estimular el Nwyfre. Utilizar la respiración y los estiramientos puede ayudar a despejar los canales físicos y emocionales, permitiendo que el libre movimiento de la energía fluya a través de nosotros, fortaleciéndonos y llenándonos de energía.

Permanece inmóvil con los ojos cerrados. Vacía los pulmones de aire y luego respira lenta y profundamente, levantando los brazos desde los costados hasta por encima de la cabeza, sincronizando la respiración con las manos que se unen en posición de oración por encima de la cabeza. Aguanta la respiración y extiende los brazos hacia el cielo, inspirando hasta hinchar tu pecho. Ahora suelta el aire en una exhalación vigorosa y deja caer los brazos a los lados. Respira con normalidad. Repítelo tres veces, entregándote completamente al ejercicio. Puede que notes un repentino aumento de energía.

Otro ejercicio sencillo es permanecer de pie (descalzo), sentado o tumbado en el suelo al aire libre. De niños siempre hacíamos este ejercicio calmante, sintiendo nuestro cuerpo conectado y sostenido por la Tierra. Este acto de enraizarse y conectar con la naturaleza puede hacernos sentir tranquilos y llenos de energía.

Awen

Con la conciencia, llegamos a percibir la realidad de Nwyfre. Tanto si su flujo es fuerte como si está apagado, es una corriente energética que puede percibirse constantemente. Awen es más escurridizo y a menudo se percibe como un visitante impredecible; su traducción aproximada del galés es "espíritu que fluye". Su equivalente irlandés es Imbas.

Es un concepto difícil de explicar, pero fácil de reconocer cuando nos bendice con su presencia. Una forma sencilla de describir Awen es como una inspiración repentina, un cambio de percepción que, aunque transitorio, puede tener un impacto duradero en nuestra visión del mundo. El druidismo busca activamente abrirnos a esta energía vibrante para que pueda moverse más libre y frecuentemente a través de nosotros. Sentimos su toque cuando nuestra conciencia se agudiza y un mundo gris y apagado –en un instante sorprendente e inesperado– se abre y se inunda de los colores más claros. Awen llega como la luz del sol que atraviesa una copa de árbol. Es un momento en el que la divinidad atraviesa el velo de nuestro pensamiento distraído, iluminando la magia del mundo y recordándonos nuestras bendiciones.

Awen está simbolizada por tres haces de luz, un símbolo muy adecuado, porque expresa perfectamente el momento en que nuestra visión apagada es atravesada por esos haces de inspiración: nos abrimos y la luz nos inunda. En el resplandor de Awen, lo que un momento antes parecía solo bidimensional cobra vida con una luz que renueva y da profundidad a nuestra visión y comprensión.

Una de las técnicas utilizadas para honrar y fomentar la apertura a Awen es el canto de la palabra. La mayoría de las ceremonias o reuniones druidas incluyen el canto del Awen. Consiste en las sílabas Ah, Ooh y En, la misma nota para cada una, cantadas cuidadosamente y con una duración lenta e igual. Si hay muchos druidas presentes, después de cantar tres Awens, el canto se extenderá en hermosas armonías en cascada. Es un sonido maravilloso y el silencio que le sigue parece vivo. El poder de cantar el Awen, con otros o en solitario, es que nos proporciona un cambio mágico que rompe nuestro sentido de la separación; tanto en el sonido como en el silencio que le sigue, tocamos el espíritu que brilla y vibra dentro de todas las cosas.

Los druidas buscan activamente el Awen pasando tiempo en la naturaleza, de forma verdaderamente presente y consciente, abriendo sus sentidos, respirando el Nwyfre que les rodea y experimentando profundamente el intercambio entre el yo y el entorno. Además, durante la meditación, ahondarán en el profundo y quieto silencio de su interior, dejando que sus mentes toquen ese fértil vacío. Cada ceremonia, cada festival, cada conexión con la divinidad, cada momento en el que eligen ver lo sagrado en lo mundano y lo sagrado en todas las cosas, ayuda a moldear el ser del druida para convertirlo en un conducto más fuerte de la dichosa energía de Awen.

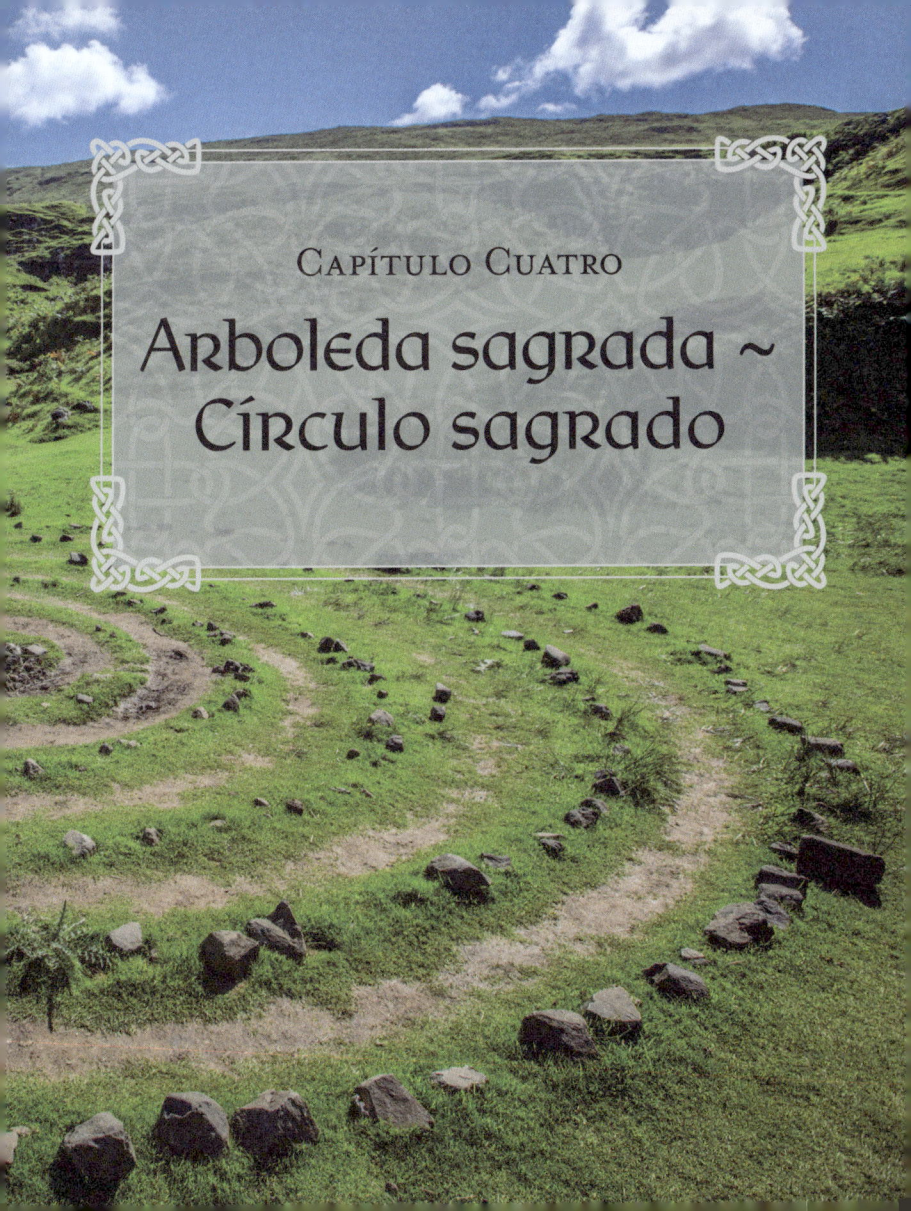

CAPÍTULO CUATRO

Arboleda sagrada ~ Círculo sagrado

En el druidismo, no existe ningún edificio sagrado reservado al culto. Los druidas consideran sagrada toda la creación y, por lo tanto, pueden realizar ceremonias en cualquier lugar. Podemos meditar y realizar rituales al aire libre, en la naturaleza, o en el interior de nuestras casas u otros lugares.

Sin embargo, para realizar estas prácticas, los druidas crean un círculo sagrado con acciones rituales. Esto ayuda a centrar la mente de los participantes. Al crear un límite temporal, desencadenamos un cambio de conciencia, alejándonos de lo cotidiano para entrar en un espacio de conciencia mágica.

El círculo es la forma del santuario: un lugar sin jerarquías, donde todos son valorados e iguales. En el abrazo del círculo, todo corazón se abre y es accesible a todos los presentes. En tres dimensiones, el círculo es un globo; en última instancia, el círculo sagrado por excelencia es el globo que constituye nuestro hermoso planeta. Los druidas rendimos culto dentro de los confines del círculo, pero también comprendemos que su curva infinita es un símbolo de los ciclos del sol, la luna y la Tierra.

Si imagináramos el círculo en una página, veríamos un mandala complejo que contiene en sus bordes los cuatro elementos: tierra, aire, fuego y agua, y las cuatro direcciones: norte, este, sur y oeste. También veríamos los ocho festivales druídicos que marcan el viaje cíclico del sol y las ocho fases mensuales de la luna. Las horas del día, los animales, las plantas y los árboles. También estarían la duración de la vida humana y todo el espectro de emociones y experiencias humanas. De hecho, toda la vida puede estar contenida en este mandala giratorio: es un vasto tapiz de asociaciones, relaciones y ciclos entrelazados.

El círculo es una rueda que gira constantemente, trayendo cambios. El centro del círculo es un lugar que habla de la eternidad de cada momento. Aquí podemos paradójicamente trascender el cambio y al mismo tiempo existir pacíficamente en su corazón.

Los tres Reinos ~ Tierra, Cielo y Mar

Los tres reinos (tierra, cielo y mar) son importantes en la cosmología celta y podemos incluirlos en la visualización de nuestro círculo como un espacio tridimensional. Podríamos situar la tierra abajo, el cielo arriba y el mar a nuestro alrededor. O podríamos relacionarlos con los reinos celtas de Annwn (Ah-noon), el Underworld (inframundo) y lugar de los ancestros (mar); Abred (Ah-bred), el Middleworld (mundo en medio) y lugar de nuestra vida terrenal (tierra); y Gwynfyd (Gwin-vid), el Upperworld (mundo superior) y lugar de los dioses (cielo). Podríamos ampliar esta visión y verlos como lugares del árbol cósmico del mundo, cuyas raíces están en Annwn, con el tronco en Abred y las ramas en Gwynfyd.

Círculo de apertura y clausura

No hay liturgia fija en el druidismo y por lo tanto la estructura y las palabras usadas para abrir y cerrar el círculo varían. Todas las ceremonias pueden ser adaptadas y la aproximación druidica al ritualismo es creativa y flexible. Lo que veremos a continuación es simplemente una posible versión.

Entrando en el círculo por el oeste, el druida se desplaza hacia el este, el lugar del sol naciente, para invocar al Espíritu que bendiga la ceremonia. Se cantan tres Awens y luego la Invitación a la Paz en cada una de las cuatro direcciones, moviéndose a cada punto y diciendo:

En el punto Norte,
Que haya paz en el Norte
Luego hacia el sur,
Que haya paz en el Sur
Luego al Oeste,
Que haya paz en Occidente

Y hacia el este,
Que haya paz en Oriente
Finalmente en el centro,
Que haya paz en todo el mundo.

Se pronuncia, a continuación, la Plegaria del Druida:

Concede, oh Espíritu, tu protección,
y en tu protección, la fuerza,
y en la fuerza, el entendimiento,
y en el entendimiento, el conocimiento,
y en el conocimiento, el conocimiento de la justicia
y en el conocimiento de la justicia, el amor a ella,
y en el amor a ella, el amor a toda la existencia
y en el amor a toda la existencia,
el amor del Espíritu y de toda bondad.

Se rodea el perímetro, se traza el círculo y se declara el tiempo sagrado. Tras rodear el perímetro dos veces más, se purifica la zona utilizando los cuatro elementos. Esto puede hacerse una vez esparciendo incienso y otra rociando con agua (el incienso contiene las hierbas o resinas de la tierra, que se encienden con el fuego y producen el humo fragante que transporta el aire).

Este ritual de limpieza ayuda a despejar el espacio y la mente del participante de cualquier desorden mental, emocional o psíquico. Al final, empezando por el este y avanzando en el sentido de las agujas del reloj, los espíritus de las direcciones y los elementos –y sus animales guardianes– son recibidos en el círculo e invitados a bendecir la ceremonia.

Tradicionalmente, los animales asociados a las direcciones son el halcón (este), el ciervo (sur), el salmón (oeste) y el oso (norte), pero puedes invocar a cualquier animal a que te hable de los elementos de tu entorno. Por ejemplo, algunos druidas australianos conjuran animales típicos de su paisaje. Cada dirección también está asociada a una estación y a una hora del día, que pueden invocarse. Las palabras a utilizar dependen totalmente de ti, pero un ejemplo sería:

Guardianes del Este, poderes del Aire, ¡aquí sois amados y honrados!
Por favor, bendecidme con la claridad del amanecer, con la clara visión del halcón;
¡Ensalzad mi mente con vuestros vientos purificadores!
¡Os doy la bienvenida a mi círculo!

Deja que tu bardo interior cree las palabras más apropiadas y cómodas para ti. Tras la apertura, tendrá lugar el ritual principal. El ritual puede ser la celebración de un festival u otro ritual. En el druidismo, un ritual es una serie específica de acciones y palabras simbólicas realizadas con la intención de provocar un cambio positivo, por ejemplo para curar o romper un mal hábito, o para conectar con una deidad, un guía o la estación.

En la clausura se reconocerá que el tiempo sagrado está llegando a su fin y se cantarán más Awens. Se da las gracias a los elementos y a las direcciones y se cierra el círculo en sentido contrario a las agujas del reloj, empezando por el norte.

Los Cuatro elementos

La comprensión de los cuatro elementos y sus asociaciones es una importante práctica fundacional del druidismo, que enriquece no solo nuestra experiencia de estos elementos en la vida general, sino también nuestra conexión con su presencia en el ritual.

❧ Tierra ❧

Dirección: Norte
Elemento: Tierra
Animal guardián: Oso
Estación: Invierno
Hora del día: Medianoche

La Tierra es el reino de la germinación, el crecimiento, la decadencia, la muerte y el renacimiento. Su espíritu entiende que hay un tiempo para todo, que las leyes de la naturaleza y los límites de nuestra existencia terrenal tienen sus propias lecciones importantes que enseñar. Podemos sentir este elemento bajo nuestros pies en las capas de tierra y roca, pero también podemos ver su manifestación en la materia física de nuestros cuerpos.

El druidismo enseña la importancia de sentir la raíz de nuestro cuerpo y psique a salvo en la tierra. Este elemento nos recuerda que somos materia y que debemos apreciar el valor de la gravedad, el modo en que nos da forma y nos fortalece. La Tierra nos pide que vayamos más despacio y nos relajemos en el momento. Nos anima a aceptar los límites y las fronteras de la vida terrenal y a reconocer que los inspiradores vuelos del espíritu deben enraizarse en el reino material para ser plenamente beneficiosos. A través del ritmo lento del elemento tierra, llegamos a experimentar las cosas verdaderamente –en el movimiento y el ritmo de nuestras vidas– y, al hacerlo, superamos el ámbito del concepto para pasar a la experiencia.

Este elemento nos pide que cuidemos de nuestras necesidades físicas con comida, agua, cobijo, ejercicio y cariño. A través de él podemos enraizarnos en la Madre Tierra y en nuestro cuerpo, sintiendo cómo nuestras raíces se nutren de la energía más densa y lenta de la tierra, que nos permite estabilizarnos y fortalecernos.

❧ Aire ❧

Dirección: Este
Elemento: Aire
Animal guardián: Halcón
Estación: Primavera
Hora del día: Amanecer

El aire es intangible, incontrolable, se mueve con rapidez; no puede verse, pero su presencia es vital para nuestra existencia. Podemos experimentar el espíritu del aire en la brisa ligera y los vientos rápidos, pero lo sentimos más íntimamente en el ritmo de nuestra respiración.

La inhalación y exhalación de aire nos mantiene vivos, pero esta acción también puede simbolizar la atracción de la inspiración para expresar nuestra voz única al mundo exterior. El aire es el vehículo de nuestra autoexpresión; transporta nuestros pensamientos e ideas desde el espacio interior de nuestra mente al mundo a través del habla, la palabra escrita y otras formas de creatividad.

El aire elimina la opacidad y aporta claridad; es el reino del pensamiento y del concepto intelectual. Al igual que el oxígeno alimenta nuestra materia cerebral, el aire estimula nuestros pensamientos. Reside en el lugar del amanecer y la primavera en el círculo

y, al igual que esos momentos, infunde una sensación de ligereza, libertad y esperanza. Al igual que nuestros pensamientos se liberan de las restricciones terrenales, el aire aporta posibilidades, ideas y visiones.

❧ Fuego ❧

Dirección: Sur
Elemento: Fuego
Animal guardián: Ciervo
Estación: Verano
Hora del día: Mediodía

Podemos ver este elemento en la llama de la vela, el fuego del hogar, un infierno y el sol. En la naturaleza, el fuego puede ser tanto una fuerza destructiva como transformadora. En algunos entornos naturales, el fuego puede aportar la ceniza y el calor necesarios para fertilizar y estimular nuevos brotes. El espíritu del fuego es energizante y cálido, como el sol abrasador que alimenta la vida en nuestro planeta.

El elemento fuego también reside en nuestro sol interior, llamado acertadamente plexo solar. Esta zona del cuerpo contiene nuestra sala de máquinas, donde metabolizamos los alimentos y damos energía a nuestro ser. Desde un punto de vista psicológico, el fuego nos anima a arder con pasión y nos impulsa a convertir nuestros pensamientos en acción, conectándonos con nuestro coraje, enseñándonos que podemos superar nuestros miedos y construir la confianza en nosotros mismos.

❧ Agua ❧

Dirección: Oeste
Elemento: Agua
Animal guardián:
Salmón
Estación: Otoño
Hora del día: Atardecer

El agua enseña el valor de fluir.
Su sabiduría puede ayudarnos a
movernos por la vida con soltura y gracia, surcando las corrientes
y ajustando nuestro rumbo sin resistencia. El espíritu del agua nos
aconseja sentir cómo nuestras emociones se mueven a través y fuera de nosotros, para que no nos abrumen como podrían hacerlo si
las retuviéramos fuertemente en nuestro interior. Cuando el agua
queda atrapada, puede estancarse y volverse mortal para nosotros,
del mismo modo que nuestras emociones reprimidas, suprimidas
o rígidamente fijadas pueden causarnos dolor.

Nuestro ser necesita flexibilidad para moverse con facilidad;
agarrotarse a cualquier nivel –físico, emocional o mental– puede
aumentar la tensión. Para mantenernos flexibles, necesitamos
seguir moviéndonos. El flujo del agua nos saca de la inmovilidad.

El agua es el lugar de la relación y la unión, un lugar donde permitimos que la conexión con la vida nos transforme y nos cure. Es reflectante: podemos ver nuestra imagen en su calma y quietud; podemos reconocer nuestros estados de ánimo en sus remolinos y flujos, nuestra vida interior oculta en sus profundidades.

La Arboleda Sagrada

No siempre hay un momento o lugar práctico o apropiado para formar un círculo e invocar a los cuartos. Podemos querer sentir la alegría envolvente y la paz del círculo, pero no realizar una ceremonia completa; podemos querer meditar o simplemente conectar con nuestro centro en momentos de estrés. Otro fundamento de la práctica druídica es la arboleda sagrada.

La arboleda sagrada es un espacio interior creado en la imaginación del druida. Se sabe que los antiguos druidas rendían culto en bosquecillos y que los árboles tenían un significado sagrado, por lo que muchas arboledas interiores serán un claro en el bosque. Sin embargo, cualquier paisaje que tenga un significado profundo para ti servirá: un hueco en una duna de arena de una playa, un prado de flores o un círculo de árboles en un valle; no hay límites para lo que puede ser tu espacio sagrado interior. Lo importante es recordar que estás creando un santuario.

La arboleda sagrada también puede servir como punto de partida para el trabajo sobre el viaje interior. Se trata de meditaciones en las que utilizamos la imaginación para desplazarnos por paisajes interiores. Estos viajes pueden tener un propósito, como encontrar una respuesta a un problema, buscar guías y espíritus guardianes o encontrarse con deidades.

El uso constante de nuestra arboleda sagrada puede ser una poderosa práctica de apoyo y sanación. Es un lugar donde podemos silenciar el ruido de la vida cotidiana y escuchar profundamente los mensajes de nuestra alma, donde nuestra intuición habla y la imaginación creativa cobra vida. Podemos acercarnos a este lugar como si fuera nuestro portal personal hacia la sabiduría de otro mundo, como si fuera el corazón de nuestro paisaje interior.

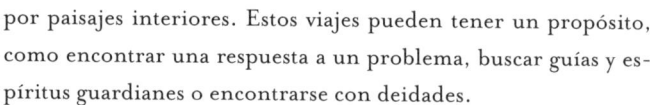 Crear una Arboleda Sagrada

Se trata de una práctica que puede desarrollarse lentamente con el tiempo. Plantéatelo como un acto lúdico, pero con la reverencia que merece un lugar sagrado.

Primero, acomódate y cierra los ojos. Imagina un círculo de luz a tu alrededor. Poco a poco, ve o siente cómo el círculo se expande hasta convertirse en una cúpula de luz por encima y por debajo de ti. Ahora imagina el círculo como un claro en el bosque, o el paisaje que hayas elegido. Observa este lugar con el mayor detalle posible: la tierra debajo de ti y el cielo encima.

Siéntete o visualízate sentado en el centro de la arboleda. Ahora visualiza tu corazón rodeado de un globo de luz. Concéntrate en esta luz y observa cómo se expande gradualmente, cómo se ensancha más allá de ti hasta rodear tu cuerpo. Explora esta sensación durante unos instantes. Luego continúa expandiendo el orbe de luz hasta que alcance los bordes de tu arboleda. Siente cómo tu

orbe de luz penetra por completo en la arboleda sagrada; siente la paz, el refugio y la pertenencia que te aporta este lugar. Cuando estés preparado, invoca tu orbe de luz. Deja que rodee tu cuerpo, que te contenga con su suave brillo y portador. Abre los ojos.

Una vez que domines los aspectos básicos de tu arboleda sagrada, cada vez que la visites, diviértete imaginando los detalles. Llegará el momento en que aparezca en cuanto llegues. A veces notarás que aparecen nuevos elementos por sí solos, o que te visitan animales o crecen plantas que antes no estaban allí. Estos cambios espontáneos o visitas inesperadas a menudo nos ofrecen la oportunidad de aprender algo, encontrar soluciones o entablar una relación con un animal, planta, árbol, objeto o ser espiritual.

Puedes usar la Plegaria de Paz del Druida cuando entres en tu arboleda sagrada o siempre que crees un círculo:

Que en lo más profundo del centro de mi ser encuentre la paz.
Que en silencio, en la quietud de la arboleda, pueda compartir la paz,
Que suavemente, dentro del círculo más grande de la humanidad,
pueda irradiar paz.

Es una hermosa frase que ayuda a calmarse, centrarse y enraizarse antes de cualquier trabajo espiritual, o simplemente cuando queremos sentirnos conectados y presentes.

❧ Altares y Santuarios ❧

Muchos druidas optan por crear un altar en su casa. Los altares y santuarios proporcionan un espacio para lo sagrado. Podemos tener una sala de altar o incluso solo un rincón tranquilo donde colocar una mesa o una estantería. El tamaño no es importante. Dedicamos este espacio a las ceremonias, a conectar con nuestras deidades y a tener un tiempo de meditación en silencio.

Construir un altar implica a nuestro niño interior porque es divertido y creativo. No hay reglas: podemos hacerlo tan simple o tan complejo como nos parezca. Muchos druidas colocan en sus altares objetos que han encontrado en la naturaleza, como piedras, conchas u hojas; pueden optar por tener objetos que representen los cuatro elementos de tierra, aire, fuego y agua, como por ejemplo un fósil o un cristal para la tierra, plumas e incienso para el aire, conchas o un pequeño cuenco para el agua y velas para el fuego. Muchos también colocan estatuas de las deidades a las que honran. Algunos cambian la decoración de su santuario para reflejar el cambio de las estaciones. Crear un lugar para la concentración mental, para estar en comunión con uno mismo, la naturaleza y el espíritu –y para dar gracias por las bendiciones de nuestras vidas– tiene una magia poderosa por sí misma. Estos pequeños y bellos espacios que creamos con amor abren la puerta al templo que llevamos dentro.

Festividades Druidas ~ La Danza del Sol, la Tierra y la Luna

La Danza del Sol y la Tierra

Existen ocho festividades estacionales que los druidas celebran a lo largo del año. Cuatro de ellas son puntos determinados astronómicamente, conocidos como solsticios de invierno y verano, y equinoccios de primavera y otoño.

El druidismo tiene sus propios nombres especiales para estas cuatro festividades:

- El **solsticio de invierno** es **Alban Arthan** (*Al-ban Arth-ann*)
- El **equinoccio de primavera** es **Alban Eilir** (*Al-ban Eh-lir*)
- El **solsticio de verano** es **Alban Hefin** (*Al-ban Heh-vin*)
- El **equinoccio de otoño** es **Alban Elfed** (*Al-ban Elle-ved*)

Los otros cuatro se conocen como festividades cruzadas:

- **Imbolc** (*Im-bolk*)
- **Beltane** (*Bell-tain*)
- **Lughnasadh** (*Loo-na-sa*)
- **Samhain** (*Sow-een*)

Las festividades cruzadas se celebran en torno a la mitad de cada solsticio o equinoccio y en su origen estaban vinculadas a los calendarios pastorales y agrícolas.

Cada fiesta se repite aproximadamente cada seis semanas y este ciclo suele denominarse la Rueda del Año. Marcar cada festividad es una forma de reconocer los cambios estacionales;

permite a los druidas enraizarse en los ritmos del mundo natural, armonizándose con sus ciclos.

Los festivales tienen temas estacionales y los druidas buscan extraer sabiduría de ellos. Nuestras vidas también tienen ciclos: hay épocas de descanso, floración y cosecha, nacimiento y muerte, y cuando las vemos reflejadas en las estaciones de la naturaleza, podemos sacar fuerzas de ellas y comprender mejor nuestras experiencias.

Para celebrar las festividades, muchos druidas eligen reunirse en grupo, lo que se conoce como Arboleda. Algunos se sienten

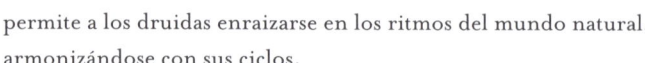

más a gusto celebrándolo solos. Las organizaciones druídicas más grandes tendrán sus propios rituales, pero no existe una liturgia fija y los druidas son libres de utilizar las palabras, oraciones o gestos rituales que consideren más adecuados. Algunos se sentirán atraídos por las ceremonias formales, mientras que otros serán más espontáneos y flexibles. Ya sean sencillas o complejas, en solitario o en compañía, lo importante es que el druida se comprometa con las energías y los temas de la fiesta de forma que le aporten significado y alegría.

Alban Arthan

21/22 de diciembre (hemisferio norte)
21/22 de junio (hemisferio sur)

Comenzamos nuestro viaje hacia la oscura quietud del invierno en Alban Arthan. Es la estación de las largas noches y los árboles sin hojas. El frío penetra en nuestros huesos y la vida duerme bajo la tierra. Esta festividad encarna el día de la noche más larga, pero también es el momento mágico del renacimiento del sol. A partir de este momento, la luz del día comenzará a alargarse lentamente, anunciando la esperanza de una renovación de la vida. Celebremos este renacer del sol abriendo nuestros corazones a la alegría y el optimismo, que son una luz que nos guía en la noche más oscura del invierno.

En el Reino Unido, hay pruebas arqueológicas de que nuestros antepasados prehistóricos se reunían desde lejos para celebrar suntuosos festines en el solsticio de invierno. Parece que comprendieron la importancia mágica de celebrar la generosidad y la abundancia en las épocas más flacas del año, y todavía hoy reunimos a nuestras "tribus" en Navidad (que cae justo después del solsticio), una fiesta que también celebra el nacimiento de la luz en un mundo oscuro.

Sabemos que lo peor del invierno está por llegar y que debemos soportarlo, pero el sol del solsticio renace y, con él, nuestras esperanzas de luz y calor crecientes. En las profundidades del invierno, el verano planta su semilla y la oscura quietud estalla con la luz de las estrellas.

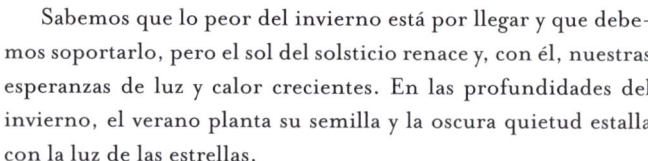

Bienvenida al Renacimiento del Sol del Solsticio

Se necesita una vela grande para representar al sol. Colócala sin encender en el centro del círculo o del altar. Apaga todas las luces y siéntate en silencio. El invierno ha llegado: la oscuridad ha descendido. Siente cómo te envuelve. Acurrúcate en posición fetal en el suelo y cierra los ojos. Permítete sentir las pérdidas, las penas y los miedos: la profunda quietud del invierno. Reconoce todos los sentimientos que surjan, pero deja que se cuelen en la oscuridad. Estás quieto y en silencio en la oscura tierra del invierno, esperando…

Al cabo de un rato, con el ojo de tu mente, mira por encima de ti. En la oscuridad, imagina que aparecen pequeños puntos de luz. Una estrella tras otra empiezan a brillar hasta que el cielo sobre ti aparece deslumbrante. De repente, ves una hermosa estrella fugaz que atraviesa el cielo. Sabes que es tu estrella de esperanza en la oscuridad, que su estela es un hilo de plata de sabiduría que te guía. Pide un deseo a tu estrella.

Permanece consciente del glorioso cielo estrellado, pero lleva tu atención de nuevo a la tierra, a las profundidades del invierno. Con la visión de las estrellas aún ardiendo en tu interior, abre los ojos y enciende la vela del sol. Concéntrate tanto en la llama como en la periferia de tu visión, que está llena de oscuridad. Reflexiona sobre cómo esta oscuridad puede envolverte y sostenerte; no es el lugar donde muere la esperanza, sino el vacío fértil y misterioso donde nace la esperanza. De la oscuridad nace la luz, y este es el sencillo pero poderoso mensaje de Alban Arthan. Da las gracias, apaga la vela y vuelve a encenderla cada día.

Imbolc

1/2 de febrero (hemisferio norte)
1/2 de agosto (hemisferio sur)

Con Imbolc llega la floración de las campanillas de invierno y los primeros signos de la primavera. Imbolc está estrechamente relacionado con la diosa celta Brigid. Es la diosa de los fuegos de la inspiración, el hogar y la forja, pero también de los pozos y los manantiales curativos. En esta época del año, podríamos verla como el sol que calienta la tierra. Viene a estimular las semillas de la nueva vida, a descongelar todo lo que está congelado y atrapado en nuestro interior. El deshielo de sus aguas curativas purifica la estática invernal de nuestros espíritus. Ella es la liberación de la tierra de las garras del invierno y nos libera a nosotros de nuestro estancamiento.

Aunque el invierno sigue presente, percibimos la sutil renovación de la vida al borde de nuestros sentidos, visible en la luz creciente y en los primeros brotes verdes. Como una semilla que germina en la tierra oscura, también nosotros sentimos arder en nuestro interior la chispa brillante de la vida. Su llamada pronto nos impulsará desde el calor y la seguridad de la oscuridad a la llamada de la luz. Por ahora, debemos quedarnos junto al corazón de Brigid, soñando y obteniendo de él alimento y consuelo hasta que lleguen los días más luminosos y cálidos. En Imbolc honramos esos sueños y el fuego interior que creará el mundo de nuevo: nosotros también nos convertiremos pronto en primavera.

Las campanillas de invierno son las flores de Imbolc. Sus delicados tallos verdes y sus flores blancas en forma de campana lanzan un mensaje conmovedor: la nueva vida es paradójicamente frágil y fuerte, vulnerable y resistente, como nosotros. La vida siempre se renueva en su estación adecuada; Imbolc nos recuerda que debemos ser pacientes, mantener la llama encendida, aunque sea el más tenue resplandor bajo las cenizas.

❧ Encender el fuego interior de Imbolc ❧

Ponte cómodo y cierra los ojos. Visualiza una noche fría y fresca en las horas previas al amanecer. La oscuridad resplandeciente se extiende sobre ti. Estás sentado en la tierra. El suelo está duro y helado; la hierba brilla de escarcha; la tierra está silenciosa y dormida. Tu cuerpo y tu ser están quietos, fríos e inertes como la tierra en invierno, pero dentro de ti sientes un cambio inminente.

Centra tu atención en tu interior; este lugar es el centro del círculo sagrado de tu ser y es aquí donde enciendes el fuego sagrado. Este fuego sagrado es el calor que alimenta el centro del planeta; es el sol ardiente en el corazón de nuestra galaxia. Es el fuego del herrero que te fundirá y transformará mágicamente; es la llama de una vela de esperanza en la oscuridad. De pie en el centro de tu círculo sagrado interior, ves la leña seca de tu vida, lista para ser encendida, y en su encendido, sabes que el calor traerá los primeros y tiernos signos de renovación.

Toma conciencia de tu plexo solar. Aquí arde una llama perpetua. Utilizando tu imaginación, toma un poco de esta llama perpetua en tu dedo (no te quema) y ahora enciéndela en el centro de tu círculo interior. Al principio brilla débilmente. Sopla sobre ella el aliento de tus ideas, sueños y visiones.

A medida que lo haces, las llamas comienzan a crecer hasta que el fuego ilumina la oscuridad.

Te encuentras de nuevo bajo el vasto cielo estrellado, sobre la tierra helada, pero ahora eres consciente de que hay un resplandor en el centro de tu ser. Sientes que su calor y su luz se extienden por tu pecho, bajan por tu pelvis hasta tus piernas y pies; sientes que sube por tus hombros, baja por tus brazos y llega a tus manos y dedos, sube por tu cuello y llega a tu cabeza, hasta que todo tu cuerpo se llena de su calor y su luz dorada. Estás radiante en la oscuridad. Quédate un rato en este momento y toma nota de las sensaciones e imágenes que surjan.

Tu atención se desplaza ahora a la tierra que te rodea. Observa el suelo que antes estaba helado. La escarcha se ha derretido y se ha convertido en humedad que da vida; las gotas cuelgan de las briznas de hierba y a través de la tierra se eleva una alfombra de campanillas de invierno, que beben la savia y se fortalecen con el calor de tu resplandor. Como por arte de magia, ves brotar sus valientes retoños verdes; sus delicadas flores blancas se despliegan y cuelgan en dulces campanillas de blanco. Has encendido el fuego de la pasión y la inspiración, y la tierra responde con los primeros y tiernos signos de un nuevo comienzo. Detente un momento y toma nota de todo lo que oyes y ves.

Cuando estés preparado, mira al horizonte. A lo largo de la línea de tierra, una fina franja de cielo comienza a despejarse: pronto amanecerá... Por último, vuelve a tu cuerpo y al momento presente.

Alban Eilir

21/22 de marzo (hemisferio norte)
21/22 de septiembre (hemisferio sur)

En el equinoccio de primavera, la naturaleza despierta y nosotros también salimos de la quietud invernal, impulsados por la luz creciente y el calor del sol. Alban Eilir es el amanecer del año. Trae consigo un sentimiento de esperanza y las frescas posibilidades de un nuevo día. Vemos por todas partes el espíritu vibrante de la Tierra, cuya vida incontenible estalla en la apertura de los capullos, la aparición de brotes y el dorado florecimiento de prímulas, narcisos, retamas y forsitias. Toda vida debe surgir de la tierra oscura y salir de la seguridad del útero y del huevo.

Damos gracias por el renacimiento de la vitalidad y la alegría tras los largos meses de invierno. Pensamos en avanzar y pedimos valentía para ir más allá de nuestros límites de seguridad, para romper el caparazón de nuestras limitaciones y ampliar nuestro compromiso con la vida. Actuamos para plantar semillas –tanto reales como metafóricas– reconociendo que la lucha del brote tierno a través de la tierra se ve recompensada por su floración

y sus frutos. Viajamos hacia el verano, hacia nuevas experiencias y lecciones que aprender.

En el equinoccio de primavera, el sol sale exactamente por el este y se pone por el oeste, creando un día y una noche de igual duración. Este equilibrio de luz y oscuridad nos recuerda que Alban Eilir no es solo una celebración de la primavera, sino también un momento de equilibrio antes de pasar a las energías menguantes del verano.

❧ Buscando el equilibrio ❧

Necesitarás una vela negra y otra blanca. En el centro del círculo, enciende las velas y reflexiona sobre este momento de equilibrio perfecto entre la luz y la oscuridad, el día y la noche. Siente el equilibrio en tu interior. Tómate tu tiempo con esta sensación.

Ahora vuélvete hacia el este de tu círculo y di,
Que pueda romper el caparazón de mis limitaciones de pensamiento;
que mis ideas nutran mi ser y guíen mi camino.
Siente, ve o percibe las brisas frescas de la primavera soplando
a través de ti.

Vuélvete hacia el sur y di,
Que pueda romper el caparazón de mis limitaciones de valor;
que mi fuerza interior me sostenga y me haga avanzar en mi camino.
Siente, ve o percibe un sol vibrante en tu plexo solar.

Vuélvete hacia el oeste y di,
Que pueda romper el caparazón de mis limitaciones emocionales;
que mis sentimientos sean flexibles y fluidos, trayendo armonía a mi camino.
Siente, ve o percibe cómo te bañan suaves lluvias primaverales.

Vuélvete hacia el norte y di,
Que pueda romper el caparazón de mis limitaciones físicas;
que pueda ser fuerte y sano, manifestando cuidadosamente la vida
para la que he nacido.

Siente, percibe o ve un bosque floreciente lleno de flores primaverales y la savia creciente energizando tu cuerpo. Vuelve a concentrarte en tus velas. Es el momento de recuperar el aliento antes de dar por fin el valiente paso de liberarte de tu caparazón y dejar atrás el invierno.

Beltane

1 de mayo (hemisferio norte)
1 de noviembre (hemisferio sur)

Beltane es el alegre periodo de las hojas y el florecimiento. Esta fiesta celebra el sexo y la transformación que se produce cuando nos abrimos los unos a los otros en lo más profundo. Esta alquimia también puede producirse cuando nos dejamos atravesar profundamente por la naturaleza. Cuando nos abrimos y nos fundimos con nuestro entorno, podemos descubrir la unión sagrada con el mundo mismo.

Beltane nos ayuda a reconocer que la vida es un circuito que fluye entre nuestro yo y el otro y, como la flor que se abre para la abeja, en este intercambio somos fecundados por la vida. En estos momentos de unión nacen en nosotros grandes cosas; este encuentro de elementos antes separados es el lugar donde se nutre la raíz de nuestra creatividad, sin la cual nos sentimos secos y desconectados.

Beltane nos anima a preguntarnos: "¿Qué es la vida sin pasión y conexión?". Nos abre a la extraordinaria energía de nuestro deseo, pero también a la naturaleza profundamente empática

de nuestro ser y a nuestra capacidad para relacionarnos, establecer conexiones y abrazar nuestra dicha. Beltane nos anima a sentirnos bendecidos por un amor profundo y duradero –por nosotros mismos, por los demás y por nuestro planeta– y a encontrar, a través de estos fuegos sanadores de amor y pasión, nuestro verdadero camino hacia la unión interior.

❧ La Bendición de las Nueve Flores ❧

Beltane es una celebración del amor y la unión, no solo con la persona amada sino también con uno mismo. La siguiente bendición celebra quiénes somos, alabando con alegría nuestra singularidad y viendo nuestro ser reflejado en los hermosos árboles y plantas que nos rodean.

En la leyenda galesa, Blodeuwedd, la doncella de las flores, fue creada mágicamente a partir de nueve flores y árboles diferentes: prímula, retama, ulmaria, fava, gallo, ortiga, castaño, roble y espino. Éstas representan su poder. Elige nueve flores o árboles que creas que simbolizan tus puntos fuertes, talentos y rasgos de carácter más importantes. Necesitarás nueve lazos de distintos colores para simbolizar cada flor.

Antes de la bendición, escribe para cada una de las plantas o árboles que hayas elegido una frase apropiada que empiece por "Yo soy" (hay ejemplos más abajo). Sé todo lo poético que quieras, lo importante es celebrar quién eres.

Con los lazos a mano, lee cada afirmación, colocando el lazo correspondiente delante de ti hasta haberlos colocado todos.

Ejemplos:

➤ *Soy abundante perifollo verde (lazo beige) que florece en las orillas*
➤ *Soy una campanilla de invierno valiente, frágil ante el frío pero dura como un roble (lazo blanco).*

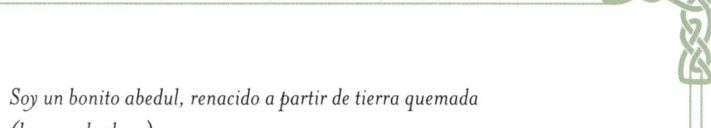

- ✦ *Soy un bonito abedul, renacido a partir de tierra quemada (lazo verde claro).*

- ✦ *Soy una amapola vibrante cuyas semillas de potencial son muchas (lazo rojo).*

- ✦ *Soy el aliso que mantiene firme la orilla del río cuando fluye el torrente de las emociones (lazo azul).*

- ✦ *Soy hierba, muy a menudo descuidada pero en espléndida forma (lazo rosa).*

- ✦ *Soy el cálido y dulce aroma de la retama, pero mi follaje es afilado (lazo amarillo).*

- ✦ *Soy una ramita de tejo: la sabiduría de la sombra, la sabiduría de la experiencia (lazo violeta).*

- ✦ *Soy una margarita brillante y el niño que hay en mí se alegra (lazo naranja).*

Coge tres de tus lazos y trénzalos, luego otros tres y, por último, el trío final. Trenza estas tres trenzas en una gran trenza. Mientras haces esto, debes saber que estás trenzando los coloridos lazos de tu ser en una vida vibrante y honrando todo lo que eres. Concéntrate en la energía vibrante de Blodeuwedd que te llena a ti y a tus trenzas, diciendo,

Son vida y belleza, son pasión y creatividad.
Siembro y florezco, fructifico y vuelvo a sembrar en el Bosque Verde de mi vida.

Guarda tu diadema de lazos en tu altar como recordatorio para celebrarte a ti mismo y las bendiciones de Beltane.

Alban Hefin

21/22 de junio (hemisferio norte)
21/22 de diciembre (hemisferio sur)

El solsticio de verano celebra el punto álgido del paso del sol por el cielo, marcando el día más largo. Nos abrimos a la energía y la inspiración del sol que calienta la tierra. Alban Hefin rinde homenaje a la dulzura y la alegría de vivir. En la naturaleza hay una explosión de colores que puede embelesar nuestros sentidos. La abundancia sensual del verano nos hechiza y nos llena de energía.

Contar las propias bendiciones tiene un significado especial en esta festividad porque, al celebrar el día más largo, se nos recuerda

que, a partir de este momento, el año empezará a decaer y los días se irán acortando gradualmente. La transitoriedad es una realidad para todos nosotros, por lo que aprendemos que nuestra capacidad para la alegría y la felicidad –como un sol interior– debe irradiar desde dentro. Merece la pena detenerse un momento a reflexionar sobre el misterio de que, en pleno verano, el invierno plante su semilla.

Alban Hefin puede recordarnos el sencillo placer de estar plenamente vivos y presentes en el momento. Cuanto más conscientes seamos de las bendiciones que enriquecen nuestra vida, más felices nos sentiremos.

 Saludando al Sol del Solsticio

Levántate antes del amanecer y ve a un lugar donde puedas ver el amanecer del solsticio de verano. Elige un lugar que sea especial para ti, quizá un sitio alto que ofrezca una buena vista del horizonte.

Hay algo mágico en adentrarse en la quietud del amanecer, observando cómo la oscuridad se convierte gradualmente en gris. Hay una atemporalidad en observar hasta que el horizonte empieza a arder, hasta que el cielo se aclara en colores pastel y el paisaje se torna dorado. Aunque el día esté nublado, ver crecer la luz con gratitud, escuchar el coro del amanecer y ver cómo el mundo cobra vida puede ser profundo y gozoso.

Podrías escribir una lista de todas las cosas por las que estás agradecido en tu vida y leérsela al sol naciente, sabiendo que sin su gloriosa presencia ninguna de estas cosas existiría. Da gracias por nuestra hermosa estrella brillante que nos da vida, calor y crecimiento. Da gracias por tu vida.

Lughnasadh

1 de agosto (hemisferio norte)
1 de febrero (hemisferio sur)

En Lughnasadh damos gracias por los días largos repletos de luz y calor, por los ricos colores de la abundancia de la naturaleza y por la primera cosecha de trigo. También damos gracias por nuestras cosechas personales, celebrando nuestros éxitos y evaluando los resultados de nuestros esfuerzos.

La siega y la cosecha del trigo y el maíz nos proporcionan paz y prosperidad, pero también nos ofrecen una profunda visión del sacrificio y la muerte. Con la cosecha llega la muerte del grano, pero en medio de esta muerte nos nutrimos y sostenemos. Lughnasadh honra la vida que se sacrifica para que podamos seguir floreciendo y prosperando. En este acto de generosidad, reconocemos la importancia de nuestra gratitud; nos llenamos de sabiduría al aprender que, en su sentido más profundo, la muerte sirve al equilibrio de la vida y nos entrega las semillas de todas las cosechas futuras por venir. Lughnasadh nos pide que reconozcamos que nuestra comida es sagrada.

❧ Bendición de la Cosecha ❧

Haz tu propio pan o busca un buen pan ecológico. Antes de comerlo, pronuncia la siguiente bendición:

Esta es la bendición de la cosecha.
El suelo es sagrado.
La comida es sagrada.
Somos sagrados.
Damos gracias por la vida segada,
por su generoso sacrificio,
para que seamos alimentados.

Parte un trozo de pan y di:

En mí renace la vida segada. En medio de la muerte,
me nutren y sostienen las semillas luminosas de la nueva vida.

Mientras comes, medita sobre tu gratitud por este regalo.

❧ El trigo y la paja ❧

Además de dar gracias por la cosecha, se nos brinda la oportunidad de revisar nuestra vida durante el año transcurrido.

Escribe las siguientes preguntas en un cuaderno:

- ➤ *¿Qué hay dentro de mí que sean semillas?*
- ➤ *¿Qué hay dentro de mí que sea paja?*
- ➤ *¿Cuál es la bendición de mi cosecha?*

Tómate tu tiempo para responder. Haz una evaluación honesta y toma medidas para deshacerte de todo lo que ya no te sirva. Celebra tus éxitos y agradece las lecciones y bendiciones del año.

Alban Elfed

21/22 de septiembre (hemisferio norte)
21/22 de marzo (hemisferio sur)

En el equinoccio de otoño, como en primavera, aprovechamos este momento de paridad entre el día y la noche para centrarnos en un punto de equilibrio. En la dulzura del comienzo del otoño, podemos observar con calma esta breve quietud. Es un cierto alivio dejar atrás el crecimiento frenético del verano. La ralentización del otoño trae consigo cierta tranquilidad y aceptación.

Alban Elfed es la segunda fiesta de la cosecha del año, en la que damos gracias por los frutos del otoño. También hacemos contemplación y nos preparamos para nuestro viaje hacia el invierno. Mientras la creciente oscuridad se extiende ante nosotros, celebramos la paradoja y el misterio de que en tiempos de declive seamos bendecidos con la cosecha y que al final haya frutos que nos alimenten en los momentos más oscuros.

❧ Viaje al origen ❧

Este ritual puede realizarse al aire libre, en una playa, una arboleda o un jardín. Es necesario construir una gran espiral de piedras o guijarros en la arena o en el suelo. Si esto no es posible, el ritual puede adaptarse en interiores creando una mini espiral con piedras, cuerdas o cintas, o simplemente girando hacia el centro del círculo y luego de nuevo hacia fuera.

Necesitarás una vela blanca y otra negra, una piedra –procedente de un lugar que sea especial para ti y que te conecte con la Tierra– y una manzana que te conecte con la cosecha.

Coloca una vela negra en el centro de la espiral y una vela blanca al principio de la espiral, en el borde exterior. Sitúate al principio de la espiral. Sostén la manzana y tu piedra especial contigo y di:

Pido que me guíen en mi viaje de vuelta al centro de la espiral.
Hago honor a la enseñanza de que este es el viaje al origen, un viaje que haré
muchas veces en mi vida, tan seguro como el flujo y reflujo de las mareas,
tan vital como el inhalar y exhalar de mi respiración.

Coge la vela blanca y enciéndela. La vela blanca representa las energías crecientes del año. Con la vela, la manzana y la piedra, baja por la espiral, en silencio y lentamente, con concentración e intención, hasta el centro. Tómate tu tiempo y concéntrate.

Siente que te mueves hacia el origen profundo que hay en ti. Cuando llegues al centro, siéntate. Allí encontrarás tu vela negra, que representa las energías menguantes del año. Enciéndela y coloca las dos velas una al lado de la otra, con la manzana y la piedra entre ellas. Medita sobre el equilibrio que representan las velas; siente la luz en equilibrio con la oscuridad. Busca este equilibrio dentro de ti, percibiéndolo como un momento de quietud y paz. Atrae este sentimiento hacia ti. Deja que te nutra y arraigue en ti.

Ahora concéntrate en tu piedra. Imagina que salen raíces de ti y se entremezclan con la tierra que tienes por debajo, que es tu hogar. Concéntrate en tu manzana. Piensa en la abundancia de tu vida, en las cosas preciosas que has traído a este lugar para nutrirte y sostenerte en los próximos meses. Pasa tiempo con tus sentimientos, reconociendo las imágenes y sensaciones que te llegan.

Cuando te sientas preparado para iniciar el viaje fuera de la espiral, di:

He traído aquí todo lo valioso para guardarlo en lo más profundo de mí.
Este lugar me nutrirá en las próximas semanas de creciente oscuridad.
Saco fuerzas para avanzar hacia el invierno con alegría y gratitud.
Doy gracias por mis alegrías y penas, por las lecciones que me han enseñado.
Estoy listo para dejar ir, y confío en el giro de la rueda.

Ahora camina lentamente por la espiral y vuelve atrás… ¡come o regala tu manzana!

Samhain

31 de octubre/1 de noviembre (hemisferio norte)

30 de abril/1 de mayo (hemisferio sur)

Samhain es la fiesta de la muerte. La naturaleza muere y se deja ir. En este proceso honramos la milagrosa transformación de la descomposición; la transmutación de la materia orgánica en el rico abono que nutrirá la nueva vida. En Samhain también pensamos en los antepasados y en todos nuestros seres queridos que han fallecido. Samhain es un pasaje, una puerta que hay que atravesar. Nos enseña que la muerte física y todas las muertes psicológicas que encontramos en la vida son umbrales entre un estado de existencia y otro. Podemos captar emocionalmente la verdad de este concepto cuando nos enfrentamos a un final. Por supuesto, no todos los finales son inoportunos, a veces son alegres: el fin de un dolor o el cierre de un periodo difícil. A veces traen consigo un dolor casi insuperable: la muerte de quienes amamos y de las cosas que apreciamos. Todos los finales nos llevan a ese umbral, y para cruzarlo de verdad, debemos renunciar a lo que ha sido, para abrazar el potencial de lo que será. Los misterios más profundos de esta celebración residen en el profundo cambio que se produce en esos momentos de rendición. Nuestras experiencias vitales más desafiantes pueden suavizarse hasta convertirse en una aceptación compasiva en ese punto de verdadera liberación.

La inspiración de la naturaleza puede ayudarnos a afrontar la muerte y el final, dándonos el valor de dejar ir y la fuerza para seguir adelante. Puede que el dolor y la incertidumbre no sean más fáciles de soportar, pero la liberación del otoño nos pide que confiemos en el proceso, afrontando con valentía la creciente oscuridad sin saber nunca si reaparecerá la luz.

❀ Cartas a los Muertos ❀

Necesitarás un bolígrafo, papel, una vela y un recipiente resistente al calor. Escribirás una carta a los muertos. Puede ir dirigida a un ser querido que haya fallecido, recientemente o en el pasado, o a un sueño o relación que haya terminado o fracasado. Cualquier final por procesar puede ser tu tema.

Haz silencio, cierra los ojos. Respira profunda y lentamente durante unos minutos. Cuando estés preparado, empieza. Escribe desde el corazón todo lo que tengas que decir. Tómate tu tiempo. Si necesitas hacer una pausa y volver a la carta más tarde, hazlo. Sé amable contigo mismo, porque es posible que afloren sentimientos de dolor y pérdida.

Cuando hayas terminado la carta, enciende una vela en honor de la persona, el sueño o la relación y, a continuación, lee tu carta. Cuando hayas terminado, dobla la carta, enciéndela con la vela y colócala en un recipiente resistente al calor. Mientras la ves arder, imagina que tus palabras se liberan y llegan a la persona amada, pero también permite que la llama transformadora te ayude a dejar ir suavemente con amor y gratitud. Si lo consideras oportuno, agradece a la persona, el sueño o la relación, sus bendiciones y lecciones.

Llegar a un lugar de aceptación lleva su tiempo y el duelo debe sentirse y experimentarse plenamente, pero este ejercicio puede ayudar en este proceso, permitiéndonos sentir compasión por nuestro dolor y honrar nuestra pérdida como una parte sagrada de nuestra humanidad.

❧ Celebrar la Tierra ❧

Estos festivales se originaron en tierras con climas templados. Como el druidismo se ha extendido por todo el planeta, muchos druidas están creando festividades que reflejan sus climas y patrones estacionales. Esta diversidad celebra el espíritu vivo de cada tierra y aporta riqueza y variedad al camino. Explora las festividades de una manera que profundice tu conexión con tu entorno.

La Danza de la Luna y la Tierra

Las ocho festividades estacionales y sus temas también se reflejan en las fases lunares mensuales. La noche más larga del solsticio de invierno guarda relación con la luna nueva u oscura, ese periodo del mes en el que está ausente en el cielo. La luna creciente se alinea con las energías de Imbolc. Los cuartos de luna primero y último, medio claros y medio oscuros, reflejan los equinoccios. La luna creciente en forma de huevo corresponde a Beltane y la luna gibosa menguante a Lughnasadh, mientras que el solsticio de verano se asocia con la luna llena.

Muchos druidas disfrutan con las ocho fases. Algunos solo trabajan con la luna nueva y la luna llena. Tradicionalmente, las energías de la luna creciente, de luna oscura a luna llena, sirven para crear y las de la luna menguante, de luna llena a luna oscura, para liberarse de lo que ya no sirve. Cómo –o incluso si– un druida trabaja con las energías lunares depende de cada persona.

Crear nuevos propósitos con la Luna

Al salir la luna oscura o la luna creciente, escribe en pequeñas tiras de papel tus intenciones: todo lo que deseas conseguir o progresar durante el próximo mes lunar.

Colócalas en un recipiente especial en tu altar. Mientras lo haces, imagina que son semillas plantadas en la tierra, que brotan con las energías lunares crecientes. Con la luna llena, saca tus intenciones del recipiente y quémalas, imaginando que las liberas al mundo para que se manifiesten.

A lo largo del mes lunar, actúa de acuerdo con tus intenciones; da pequeños pasos hacia ellas y ten fe en que se manifestarán. A mí me gusta añadir una advertencia mágica a mis intenciones: "Esto o algo mejor; por el bien de todos, sin perjudicar a nadie". Puede que nuestras intenciones no siempre sean apropiadas para nosotros y esto deja lugar a que el universo nos regale bendiciones inesperadas.

CAPÍTULO SEIS

Antiguos Resplandecientes ~ Teología Druídica

El druida es libre de acercarse a lo divino como mejor le parezca. De hecho, no tiene ninguna obligación de trabajar con las deidades si no le parece lo correcto. Hay ateos que eligen acercarse al druidismo como una filosofía y no sienten

la necesidad de incorporar ninguna forma de deidad en su práctica. Sin embargo, a muchos les atrae trabajar con deidades y esto puede manifestarse de diversas maneras.

El **politeísmo** consiste en honrar a múltiples deidades y dioses. Éstos pueden proceder de un panteón específico o de una mezcla de deidades de diferentes panteones. Por ejemplo, algunos trabajan solo con divinidades irlandesas o galesas, o solo con las de la Europa celta o Escocia, mientras que otros recurren a una mezcla de ellas. Algunos también trabajan con deidades de culturas no celtas. Es una elección muy personal. Hay **politeístas blandos**, que consideran su panteón como diversas expresiones de una única fuerza espiritual, mientras que otros son **politeístas duros** que consideran a sus deidades como seres distintos y separados.

- El **monoteísmo** honra a una única deidad o gran espíritu.

- El **duoteísmo** honra a una diosa y a un dios, dos energías complementarias que son partes interconectadas de un todo mayor.

- El **panteísmo** considera que lo divino es inmanente o una presencia inerradicable en el mundo natural y el cosmos.

Es posible que un mismo druida trabaje con lo divino de todas estas formas y en diferentes momentos.

 La divinidad femenina

El druidismo nos ofrece muchas caras de la divinidad femenina para explorar. Las imágenes femeninas de lo divino han estado tristemente ausentes o suprimidas durante siglos en muchos lugares. En la cultura occidental, aunque no hayamos crecido en una fe abrahámica, la suposición de que Dios es masculino está tan arraigada que hasta el más secular de nosotros puede pensar así automáticamente. Para las mujeres druídicas, verse reflejadas en lo divino era una experiencia inmensamente fortalecedora.

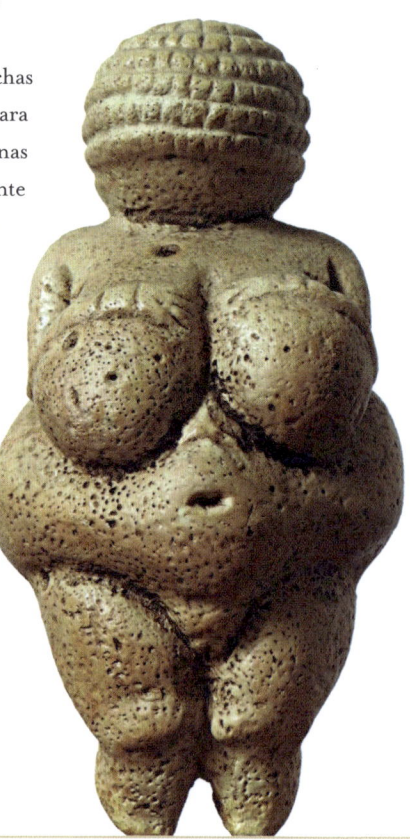

El Espectro Divino

Al intentar diferenciar lo divino femenino de lo divino masculino, puede ser fácil caer en el esencialismo binario, asignando a nuestras deidades cualidades que quizá estén distorsionadas y limitadas por políticas de género menos progresistas.

El druidismo pretende ser totalmente inclusivo: todos merecemos vernos reflejados en las imágenes de lo divino, independientemente de nuestra identidad. Una concepción druídica de la divinidad debería abarcar idealmente un amplio espectro de identidades de género. Los druidas de la comunidad LGBTQ+ han iniciado este debate, que solo puede servir para enriquecer la perspectiva druídica. Alejarse de una visión tradicional del género como algo binario –y verlo en cambio como algo fluido con múltiples expresiones– refleja lo ilimitado de lo divino.

A medida que el druidismo evoluciona y cada druida enriquece su camino individual con sus propias experiencias y comprensión, la percepción de la divinidad sigue ampliándose. El druidismo nos da la libertad de explorar nuevos prismas a través de los cuales ver lo divino y elegir aquello que más se ajuste a nuestras identidades sexuales, raciales y culturales.

❧ Construir una Relación con lo Divino ❧

Sea cual sea la forma que elijamos para trabajar con lo divino, el objetivo es crear una relación con esa fuerza o ser, un intercambio de nuestra energía con la suya. Como en las mejores relaciones humanas, los vínculos con lo divino se cultivan y crecen con el tiempo, con amor y respeto; esto requiere nuestro compromiso y dedicación.

Al principio, podemos optar por acercarnos a las deidades que nos atraen, honrándolas con nuestro tiempo, atención y oraciones, aprendiendo sus mitos e historias, meditando sobre sus cualidades y lo que pueden enseñarnos. Con el tiempo, puede que descubramos que las deidades se acercan a nosotros. Muchos de los que han recorrido el camino durante años cuentan cómo una diosa apareció inesperadamente en sus sueños, o de referencias a una deidad que aparecen repetidamente en sus vidas, incitándoles a profundizar. Esto puede ocurrir cuando una

deidad tiene algo importante que enseñarnos sobre la vida y sobre nosotros mismos. Con la experiencia podemos llegar a reconocer si la conexión con una deidad es "en vivo", en cuyo caso sentimos una poderosa sensación de su presencia, un flujo de comunicación bidireccional en esos momentos de sincronicidad.

Si tenemos una práctica politeísta, habrá deidades que permanezcan con nosotros durante toda nuestra vida; también podemos tener deidades que aparezcan por momentos en el tiempo, específicamente para ayudarnos con determinadas lecciones de la vida, y luego otras que van, vienen y vuelven. Si enfocamos la divinidad como una energía que reside en todas las cosas, podríamos estar dotados de múltiples expresiones de este espíritu divino. Por ejemplo, una tormenta eléctrica tiene una energía muy diferente a la de un cálido día soleado, pero ambas son expresiones de lo divino. Sea como sea que experimentemos la divinidad, no hay una forma correcta o incorrecta, siempre que actuemos con respeto y gratitud.

Sendas híbridas

Lo bueno del druidismo es que puede ser estudiado y practicado junto con otras sendas espirituales. El druidismo no requiere lealtad exclusiva. Puedes encontrar druidas cristianos, budistas, hindúes y wiccanos, que enriquecen aún más la experiencia druídica de la divinidad.

Algunas Deidades Druídicas Populares

BRIGID (*Breed*) es una de las deidades más queridas y honradas del druidismo. Antaño era venerada en toda Irlanda, las Islas Británicas y partes del noroeste de Europa. El cristianismo la

convirtió en santa y los druidas siguen honrándola como tal, así como a su forma más antigua.

Es diosa de la poesía, la curación y la artesanía, y se la asocia con las llamas transformadoras de la forja, el fuego del hogar, la chispa de la inspiración en la poesía y las aguas curativas de pozos y manantiales. Pero las funciones de Brigid van más allá, lo que sugiere su antigua importancia. Se la asocia especialmente con el festival de Imbolc.

Brigid puede ser una diosa ardiente que inspira y alimenta nuestra creatividad. A veces su fuego puede ser intenso y exigente, ya que nos moldea al calor de su forja, pero también expresa una energía tierna y suave que cura nuestras heridas más profundas.

Brigid es la pasión y la inspiración solar, el fuego de nuestro corazón y la paz curativa: su preciosa chispa de vida viaja dentro de nosotros desde nuestros corazones hasta nuestras lenguas en palabras y canciones, y cuando vemos el sol brillar en el océano, sabemos que toda la vida brota de su fuego y su agua.

CAILLEACH (*Kai-yaik*) está presente en la mitología escocesa e irlandesa y sus huellas han llegado también a Inglaterra. Antigua guardiana de la tierra, especialmente de montañas, acantilados, cuevas y peñascos azotados por el viento, Cailleach también está asociada a lagos y masas de agua.

Como giganta, sus mitos cuentan que forma cordilleras dejando caer rocas desde su delantal. Ella es la sabiduría de la tierra antigua, afilada como pico y garra, la excitante fiereza de las tormentas. La nieve es su manto recién lavado extendido sobre la tierra y evoca el tiempo. Cailleach se traduce como "la velada", y en gaélico escocés "cailleach" es la palabra que aún se utiliza para designar a una anciana.

En Escocia, Cailleach es la diosa del invierno que mantiene cautiva a la doncella Bride (Brigid) durante los meses oscuros y fríos.

La liberación de Bride significa que la primavera puede volver a la tierra. En algunos mitos, Cailleach y Bride se perciben como dos caras de la misma diosa, y Cailleach se convierte en Bride en primavera.

También conocida como la antigua Madre de los Huesos, la estructura sobre la que toma forma la vida, Cailleach es una camarilla omnisciente. Robusta y atemporal, inspira viajes a los lugares remotos y solitarios de nuestras almas. Su risa salvaje es un canto sagrado de oscura sabiduría e ingenio maternal.

NEMETONA (*Ney-mey-tona*) es una diosa romano-británica. Su nombre se traduce como "diosa de la arboleda sagrada". Históricamente se sabe muy poco de ella, aparte de algunas inscripciones, pero muchos druidas la consideran la personificación de la arboleda. Cada vez que los druidas crean un círculo y se abren a todo lo que es sagrado en ellos y a su alrededor, la paz que llena el espacio puede entenderse como su energía.

Para algunos, rige nuestra aura personal, el cuerpo sutil que marca intangiblemente nuestros límites. Su esencia también reside en el espacio sagrado de nuestro corazón y en la arboleda sagrada de nuestro mundo interior. Su esencia tiene que ver con nuestra relación con la naturaleza, con lo que ocurre cuando nos comprometemos con la Tierra de forma íntima y sagrada.

Podemos invocarla para que nos centre y enraíce con su serena energía. Al conectar con ella, podemos volver al momento presente y encontrar claridad y paz. Ella es la relación sagrada que los druidas buscan construir con su entorno; ella es la relación sagrada que buscan construir consigo mismos.

CERNUNNOS (*Ker-noo-nos*) es el dios cornudo de la naturaleza y señor de los animales. Nos da vitalidad y alegría, conectándonos con los poderes regenerativos de la naturaleza. A menudo se le asocia con el Hombre Verde como el espíritu vibrante del bosque salvaje, cuya energía puede verse y sentirse en el estallido de las semillas, la apertura de los capullos y las flores, los frutos de la cosecha y la caída de las hojas. Como el ciervo que crece y se despoja de su cornamenta, Cernunnos se mueve a través de

los cambios estacionales, guiándonos a través de las mareas de nuestras vidas.

Tiene lados luminosos y sombríos, como la propia naturaleza: puede ser el calor de la pasión, el dolor del anhelo y la reverencia que inspiran la intimidad y el amor verdaderos, pero también es un dios de la caza, y de la muerte y la agonía. Esta apariencia refleja el servicio de la muerte para mantener el equilibrio de la vida. Cernunnos es tanto el cazador como la presa y, con cada muerte, él también muere, empatizando con nuestro miedo y dolor. De este modo, también puede percibirse como un dios del grano y de la cosecha abundante, que entrega desinteresadamente su cuerpo para alimentarnos. Afrontando la muerte sin miedo, con compasión y ternura, nos conduce por un camino de renacimiento y renovación.

BRÂN está presente en la mitología irlandesa y galesa como rey de Britania. Al igual que Cailleach, es un gigante y posee un caldero mágico que devuelve la vida a los muertos. Tras ser herido de muerte en una batalla, exigió a sus amigos que lo decapitaran, pero, por increíble que parezca, su cabeza no se descompuso y siguió propagando sabiduría y profecías. Se dice que su cabeza fue enterrada en el White Mound, donde se encuentra la Torre de Londres, y que allí permanece hasta hoy, protegiendo la tierra.

El nombre de Brân significa "cuervo" y, en muchos sentidos, puede verse como el ave carroñera que limpia los huesos de todo lo que está muerto y es inútil en nuestras vidas; también es el caldero que renueva nuestros cuerpos y espíritus rotos. Sigue hablando con sabiduría después de su muerte, es la voz de otro mundo que nos guía en los momentos de mayor confusión. En esos momentos, cuando se pierde el sentido, nos insta a confiar en algo más grande. Es un poderoso guardián y la voz de la sabiduría en las profundidades de la tierra.

CERRIDWEN (*Ker-rid-when*) es una diosa increíblemente importante en el druidismo: su mitología desempeña un papel central en la educación bárdica. La galesa Cerridwen es madre de gemelos: una hija encantadora y un hijo difícil. Para dotar a este último de características que superen sus desventajas, Cerridwen elabora una poderosa poción en su caldero. Sin embargo, el sirviente Gwion Bach, encargado de remover el brebaje, es salpicado por tres gotas hirvientes que se lleva automáticamente a la boca para enfriarse, recibiendo accidentalmente la magia de la poción.

Gwion se vuelve inmediatamente omnisciente y se produce una persecución en la que Cerridwen se enfurece. Para escapar de su ira, Gwion se transforma en liebre, pero la diosa se convierte en galgo. A su vez, Gwion salta a un río convirtiéndose en un salmón, pero Cerridwen se transforma en nutria. El niño se convierte en reyezuelo, pero la diosa se transforma en halcón. Finalmente, Gwion cae como una sola semilla en un montón de grano, pero la astuta Cerridwen se transforma en una gallina negra y se lo come todo, consumiendo por completo a Gwion. Milagrosamente, nueve meses después, lo da a luz y, colocando al bebé en una bolsa dentro

de un coraclo, lo empuja mar adentro. Finalmente, el bebé es encontrado en una presa de salmones y, a través de todas estas etapas de iniciación mágica, se convierte en Talicsin, el de la frente dorada, el más dotado y famoso de todos los bardos.

Cerridwen es una poderosa diosa de la iniciación y la transformación, profundamente conectada con Awen. Es a la vez tumba y útero, comadrona del viaje del alma, eternamente remodelándonos para que podamos adaptarnos mejor, para que podamos captar un poco más del misterio de la vida. Ella calienta lo que está crudo en su caldero, lo cuece con sabiduría nutritiva. Ella es la poción profunda y oscura, el estanque insondable donde la transformación, la inspiración y la curación surgen de las profundidades.

✺ Mito y Gnosis personal ✺

Para profundizar en nuestra conexión con los dioses, podemos leer sus mitos, examinar el significado de estas historias y cómo pueden afectar a nuestras vidas, pero una parte importante del trabajo con las deidades es encontrarlas en la naturaleza y el paisaje de nuestros corazones y mentes. No hay dos druidas que compartan exactamente la misma experiencia de una deidad, y nadie puede decirte quién es realmente una deidad o qué significa para ti. Debes descubrirlo por ti mismo.

Capítulo Siete

Ancestros

Los escritores clásicos hacen referencia a la antigua creencia celta de la reencarnación, pero los druidas modernos son libres de llegar a sus propias conclusiones sobre la vida después de la muerte. Muchos druidas son partidarios de la idea de que tenemos muchas vidas, no solo como seres humanos, sino potencialmente en otras formas, como animales e incluso árboles o piedras. Esto refleja un sentido subyacente del druidismo de que cualquier forma que adopte la naturaleza tiene el mismo valor y significado en la red de la vida.

Algunos piensan que el alma tiene una identidad individual que permanece después de la muerte y se mueve a través de vidas sucesivas. Para otros, el alma es una esencia colectiva a partir de la cual nos formamos y a la que volvemos tras la muerte: nuestra individualidad se disuelve en esa esencia y nuestra experiencia vivida forma parte de su evolución.

Se crea lo que se crea, el Más Allá es una realidad para los druidas, un reino de existencia que, aunque en su mayor parte "invisible", puede percibirse de forma tangible. El Más Allá está entrelazado con nuestro mundo, y ambos reinos actúan como urdimbre y trama en el tejido de la vida. El Más Allá está habitado por seres espirituales y deidades, algunos con los que nos relacionamos y otros que siguen siendo un misterio para nosotros, más allá de nuestra comprensión. Nuestro mundo interior está íntimamente ligado a este reino y podemos acceder a él a través de nuestros sueños y nuestra imaginación. A veces, se filtra en nuestro mundo material y nos ofrece destellos de su belleza y magia.

Esta capa de la existencia es también el reino de los ancestros. El druidismo nos enseña un gran amor y respeto por aquellos que nos han precedido, y muchos druidas crean un santuario de ancestros en sus hogares. Los ancestros son percibidos como grandes depositarios de sabiduría y experiencia para nosotros. También nos recuerdan nuestro lugar en la familia de la vida y nuestra responsabilidad para con nuestros descendientes.

Todos estamos conectados

La ascendencia no se limita a nuestro linaje, ya que reconocemos que todos tenemos antepasados comunes en nuestro pasado lejano. Nuestro trabajo con los ancestros suele consistir en una combinación de las siguientes categorías.

❧ Ancestros de Sangre ❧

Heredamos la mitad de nuestros genes de nuestra madre y la otra mitad de nuestro padre, pero es interesante observar que no toda nuestra herencia ancestral se manifiesta en nuestros genes. Nuestros hermanos pueden poseer marcadores completamente distintos y es un misterio por qué heredamos unos y no otros. Esto plantea algunas cuestiones fascinantes sobre el vínculo ancestral, porque aunque todos nuestros antepasados familiares pueden entenderse como ancestros de sangre, no necesariamente llevamos todos sus marcadores en nuestro cuerpo físico. Sin embargo, cuando trabajamos con nuestros ancestros consanguíneos, sentimos que estamos heredando algo más que marcadores genéticos; hay una capa de conexión y experiencia que reside a un nivel más profundo, quizá el alma. Para muchos de nosotros esto puede suponer grandes retos y lecciones —nuestros ancestros eran tan complejos y conflictivos como podemos serlo nosotros a veces—, por lo que trabajar con ancestros consanguíneos puede requerir compasión, comprensión y aceptación de las fragilidades y fallos a los que todos estamos sujetos como seres humanos.

❧ Ancestros de lugar ❧

Además de los lazos familiares, también podemos vincularnos y honrar a los ancestros de la tierra en la que vivimos. Para aquellos que han permanecido en el mismo lugar durante generaciones, los antepasados de sangre y de lugar suelen ser los mismos. Sin embargo, en un mundo en el que la migración aleja a muchos de sus tierras ancestrales, podemos encontrarnos en lugares con ancestros de una cultura o raza diferente a la nuestra. Es importante reconocer a los ancestros de dondequiera que nos encontremos. Honramos a los ancestros indígenas de la tierra y también a las muchas almas que se han reunido allí a lo largo del tiempo procedentes de otros lugares, mucho antes que nosotros.

❧ Ancestros de espíritu ❧

Puede que estos ancestros no tengan ninguna conexión con nuestra familia o con la tierra en la que vivimos, pero son aquellos que nos han precedido y nos inspiran, enseñan y guían con su ejemplo. Son los ancestros de nuestra tribu de alma, aquellos seres con los que nos sentimos íntimamente conectados a un nivel profundo. Pueden estar conectados de algún modo con nuestro propósito vital y llenarnos de la inspiración que necesitamos para materializar nuestros sueños. Sentimos a estos seres como parientes –emocional, intelectual, filosófica o espiritualmente– a veces de forma diferente a nuestros ancestros de sangre.

❧ Conectar con los ancestros ❧
El collar de los ancestros

Necesitarás un cordel rojo, tres "piedras de bruja" (tienen un agujero natural que las atraviesa, pero también puedes utilizar cuentas de piedra o cristal), tres plumas de cuervo negras y una manzana.

Siéntate en silencio ante tu altar. Cuando estés preparado, coge el cordel, mantenlo en alto y di:

Este es el hilo de la vida que me conecta con todos los que fueron,
los que son y los que vendrán.

Toma las tres piedras de bruja. Representan la resistencia y los ciclos de nacimiento, muerte y renacimiento. Levanta las piedras y di:

Estas piedras son el vínculo fuerte y duradero con todos los que me han precedido
y con todos los que me seguirán.

Toma las tres plumas de cuervo. Representan el conocimiento y la sabiduría ancestrales, el poder del misterio, la transformación y la curación. Sostenlas en alto diciendo:

Estas plumas me recuerdan que solo estoy a un batir de alas de quienes amo
y de quienes me guían y protegen en espíritu.

Pasa el cordel por la primera piedra bruja, haciendo un lazo y anudándolo bien. Pasa la pluma por el nudo para asegurarla junto a la piedra. Si es necesario, haz un nudo doble. Ahora di:

Esta piedra y esta pluma me conectan con el amor y la sabiduría de mis ancestros.
Que pueda sentir su suave presencia como guía; que su experiencia y conoci-
miento bendigan mi vida. Son las raíces de mi árbol.

Haz lo mismo con la segunda piedra y la segunda pluma, espaciándolas un poco más a lo largo del hilo. Luego di:

Esta piedra y esta pluma me unen al amor y a la sabiduría de los presentes
y de los seres queridos que he perdido en mi vida.
Que nuestros lazos sean fuertes y enriquecedores; que las lecciones que nos
enseñemos mutuamente sean preciosas; que nuestros recuerdos sean dulces.
Son el tronco de mi árbol.

Coloca la tercera piedra y la tercera pluma, espaciándolas aún más a lo largo del hilo. Entonces di:

Esta piedra y esta pluma me unen a mis descendientes. Que mi vida bendiga sus vidas; que sientan sus profundas raíces en mí; que mis errores y lecciones les aporten sabiduría. Que cada célula de su cuerpo guarde un recuerdo de mí y de mi amoroso apoyo. Ellos son los brotes y las hojas de mi árbol y florecerán y caerán muchas veces después de mi muerte.

Una vez aseguradas las tres piedras y las plumas, ata los dos extremos del hilo formando un círculo. Levántalo y di,

Ato el hilo de la vida en un círculo. Es un símbolo de los lazos eternos del amor y la experiencia, de los ciclos en espiral de vida, muerte y renacimiento que nos unen entre nosotros y con toda la creación. A medida que este círculo se une y el nudo se aprieta, me siento bendecido por estos lazos.

Coge la manzana y córtala por la mitad, de modo que puedas ver la estrella de cinco puntas de semillas en el centro. Siéntate en silencio, reflexionando sobre el misterio de que de la muerte y la pérdida surgen las semillas de una nueva vida. Cada uno de nosotros que vive, ha vivido o vivirá, es a la vez el fruto que cae y la semilla que inicia de nuevo el ciclo. Come tu manzana y da gracias por este alimento y por el don de tu vida.

Capítulo Ocho

La naturaleza habla y el corazón escucha

L a naturaleza se comunica. Expresa su sabiduría en cada momento de la vida y la práctica druídica agudiza nuestra capacidad de estar atentos a sus mensajes. Por supuesto, sería imposible asimilar toda la información de nuestro entorno –nuestra percepción es selectiva para no sentirnos abrumados–, pero el truco está en ser conscientes. Lo que recibimos puede ser simplemente un momento de belleza o alegría, pero a veces también podemos encontrar la respuesta a un problema o la orientación que buscamos. Sin embargo, no somos simples receptores de señales externas; en el druidismo, ser consciente es solo el punto de partida de un diálogo entre nuestra conciencia y el mundo natural. La práctica druídica busca refinar esta conciencia y mantener abiertas las líneas de comunicación. Nos recuerda que cuando nos permitimos ver, oír, saborear, tocar y oler de verdad, se produce un intercambio: el objeto de nuestra atención recibe algo de nuestra energía y nuestro ser.

El druidismo concede un gran valor a la construcción de una relación íntima con la naturaleza, al paso del tiempo en ella, a la conexión con sus estaciones, ciclos y patrones climáticos. Nuestras observaciones nos permiten apreciar más profundamente la maravilla que inspiran. Los druidas buscan escuchar a la tierra y sus lugares sagrados. En el druidismo, lugares como Stonehenge, Avebury o Chalice Well se perciben como especiales: emanan un "algo" tangible. Estos lugares poseen una energía exclusiva de ese paisaje, pero también la energía y las

expectativas que la gente lleva consigo a estos sitios. Cuando los visitamos, en el mejor de los casos, se produce un intercambio entre el alma de la tierra y el alma de la persona, un momento de verdadera relación. Es en esos momentos cuando dejamos de ser turistas –meros consumidores de lugares– y conectamos más profundamente.

Si creemos en las líneas ley –las redes de energía que atraviesan la Tierra–, podríamos suponer que las líneas convergentes se encuentran en estos lugares tan poderosos. Sin embargo, por muy poderosos y bellos que sean estos famosos lugares, el druidismo nos enseña que todo el paisaje es sagrado. Podemos descubrir lugares sagrados en la intimidad de nuestra localidad, lugares desconocidos y raramente visitados a los que podemos volver una y otra vez. La tierra exterior es también el paisaje que llevamos dentro. La ilusión de estar separados del mundo natural se desvanece cuando construimos nuestras relaciones únicas con estos lugares especiales; cada uno, a su manera, nos guía hacia el suelo mágico y sagrado de nuestra alma.

Recuerdo haberme encontrado con una alameda cerca de un río local. Después de fuertes lluvias, el camino hacia ahí era prácticamente imposible de atravesar. Incluso con tiempo seco, el suelo del caminito permanecía blando y hundido, pero este difícil acceso a la alameda no hacía sino aumentar su atmósfera mágica. Como una cueva mareal, las aguas de la arboleda se llenaban y se retiraban. Abriéndose y cerrándose así, parecía latir con la vida del río, con el ritmo de la naturaleza interior de la arboleda, emanando una extraña mezcla de paz y peligro. Era perfectamente consciente de que debía entrar con cuidado.

Me sentí atraída por este lugar una y otra vez, y pronto me di cuenta de que la arboleda hablaba con fuerza de ese espacio de nuestro interior al que es más difícil llegar; esos lugares ocultos y tiernos con límites más firmes, donde el suelo es más incierto; un lugar en el que entramos con cuidado, con nuestros pasos suaves, sensibles al suelo que hay debajo. Ese hermoso lugar me enseñó mucho sobre mí misma y mi vida interior.

❧ En busca de lo Sagrado ❧

Reserva un día para aventurarte en el paisaje. Puede ser cualquier paisaje, incluso urbano, pero en este paseo permítete estar en silencio y receptivo a los lugares que encuentres. Cuando eliminamos de nuestra mente el ruido de la vida cotidiana, podemos empezar a oír hablar al paisaje. Cuando entramos en un lugar determinado, puede que se nos erice el vello de la nuca, o que sintamos una repentina sensación de paz y tranquilidad, o de inquietud e incertidumbre. Examina estas sensaciones. ¿Son tuyas o expresan algo sobre la atmósfera de un lugar?

Elige un lugar concreto de tu paseo que te atraiga y vuelve a visitarlo varias veces. Empieza a establecer una relación con ese

lugar. Coge un cuaderno y anota lo que sientes mientras estás allí, cualquier cambio en el entorno o el comportamiento del tiempo y la fauna. En tus pensamientos, saluda a este lugar con reverencia y dale las gracias cuando te marches. Empezarás a notar un cambio mágico: tu atención consciente fusionada con ese lugar te aportará percepciones y te conectará con la tierra de un modo significativo.

❧ Animismo ❧

El animismo es una creencia fundamental del druidismo. En la cosmovisión druídica, las plantas, los animales, incluso las piedras, los sistemas meteorológicos, los ríos, las montañas y otros objetos "inanimados" poseen un espíritu vivo. Los druidas ven el mundo habitado por seres de raíces, cortezas y hojas; de semillas, flores y frutos. Hay seres de piel, plumas y escamas; de piedra, minerales y cristales: cada uno de ellos vive con una esencia espiritual distinta, una inteligencia y una sabiduría innatas.

Del mismo modo que podemos establecer una relación íntima con la tierra, también podemos conectar con los reinos vegetal, animal y mineral que la habitan. Los druidas creen que podemos escuchar los sabios consejos de la naturaleza a través de encuentros inesperados con estos tres reinos. El truco está en permanecer alerta ante la posibilidad de estos mensajes. Cuando elegimos contemplar la vida con la expectativa de recibir orientación y apoyo, estamos más atentos a cuando irrumpe la voz de la naturaleza, como un rayo de luz entre las nubes. Estos momentos de inspiración y sincronicidad a menudo ofrecen respuestas a un problema o a una oración, actuando como señales o como una mano reconfortante sobre nuestro hombro. Si permanecemos abiertos, a menudo notamos que ciertos animales, plantas, árboles o piedras aparecen de repente en nuestras vidas, o que las referencias a ellos se repiten de alguna manera. Si esto ocurre, recomiendo investigar un poco: a menudo he descubierto que estos visitantes de nuestra conciencia ofrecen valiosas lecciones.

Cuando somos bendecidos por la sincronicidad, experimentamos una sensación de reconocimiento, un sentimiento repentino de lo "correcto" del mensaje. Cuando recibimos estas revelaciones inesperadas y mágicas, es importante recitar una oración de gratitud. Otra forma de entrar en contacto con los reinos animal, vegetal y mineral es simplemente tranquilizarnos en nuestra arboleda interior y preguntar qué animales, árboles, plantas o piedras desean comunicarse.

Cuando buscamos liberarnos de viejos patrones y crear otros nuevos, podemos recurrir a estos seres para reforzar nuestra determinación, profundizar en nuestra comprensión del mundo natural o, simplemente, reconocerlos como compañeros de viaje en el camino de la vida. Este enfoque nos recuerda que todos los seres tienen valor, que cada uno puede ofrecernos perspectivas que enriquezcan nuestras vidas. Honra a estos compañeros como poderosos maestros, reconoce que hay un don de intercambio en la relación y agradece su presencia en tu vida.

El druida como sabio del bosque

Se cree que la etimología de la palabra druida deriva de la palabra celta "dru", que significa roble, y de la raíz indoeuropea "wid", saber. Así, el druida podría considerarse como alguien que posee la "sabiduría del roble". Sin embargo, para el druida moderno, esto podría describirse más exactamente como "sabiduría del bosque", ya que los árboles son venerados como grandes seres de profundo conocimiento. Se cree que los antiguos druidas rendían culto en arboledas, y los druidas modernos, si pueden, plantan sus arboledas sagradas para celebrar ceremonias y reuniones. Aquellos que no pueden hacerlo, celebran rituales en el bosque o cerca de los árboles en los parques de las ciudades.

Los árboles no solo nos regalan su extraordinaria belleza, sino que también desempeñan un papel fundamental en la continuidad de la vida en el planeta. A menudo olvidamos la relación simbiótica que compartimos con estos seres mágicos: los árboles producen el oxígeno que necesitamos para vivir y el dióxido de carbono que exhalamos es reabsorbido por los árboles en un intercambio continuo. Respiramos con los árboles: el ritmo de inhalación y exhalación es como el latido del corazón del planeta, y si alguna vez dudamos de que somos hijos de la Tierra, este acto sencillo pero vital debería recordárnoslo fácilmente. En cada uno de nosotros, a un nivel profundamente ancestral, existe la memoria del bosque primigenio y de nuestra relación con él.

❧ Breve nota sobre el Ogham ❧

Una de las herramientas que utilizan los druidas modernos para profundizar en su conexión con los árboles es el alfabeto Ogham –a veces conocido como el alfabeto celta de los árboles–, que consta de 25 caracteres formados por varios signos que se ramifican a partir de una línea central. Cada uno de ellos corresponde no solo a una letra, sino al nombre de un árbol concreto. El alfabeto también contiene ricas y complejas capas de asociaciones poéticas. Su origen es incierto y no se sabe si es celta o precelta.

Las inscripciones más antiguas que se conservan datan de los siglos V y VI. También hay textos irlandeses de los siglos XII y XIV y un texto escocés del XVII que hacen referencia a él, pero fue el poeta Robert Graves, en 1948, quien arrojó luz sobre este alfabeto arcano en su obra *La diosa blanca*. Graves ha ejercido quizá la mayor influencia en la forma en que trabajamos hoy con el alfabeto. Tomó las letras e ideó su propio calendario arbóreo, alineando cada árbol Ogham con un mes del calendario. Aunque hoy se cree que esta es una construcción moderna de la idea de Graves, muchos se han inspirado en este sistema. Sin embargo, la investigación sobre los antiguos usos del alfabeto seguirá ampliando nuestros conocimientos.

El Ogham puede utilizarse como forma de adivinación y auto-exploración, al igual que se hace actualmente con las runas. Es un vasto tema de estudio, y si deseas explorarlo más a fondo, busca sugerencias en la sección de recursos. Hay druidas que deciden no trabajar con el Ogham porque sus 25 letras no incluyen todos los árboles que podrían encontrar en un entorno determinado. También hay druidas que se encuentran en paisajes muy diferentes del clima templado del noroeste de Europa y que crean asociaciones Ogham basadas en los árboles autóctonos de sus países.

Es bueno recordarnos de vez en cuando que debemos ser flexibles en los sistemas que utilizamos. Lo importante es que el sistema que elijamos potencie nuestro conocimiento del mundo natural y nos ayude a profundizar en nuestra relación con él, no que nos encierre en sus dictados.

❧ Abrir la conversación ❧

Aprender sobre árboles, animales o piedras concretos y entablar relaciones íntimas con ellos en el propio entorno y en los planos interiores de la imaginación son prácticas druídicas fundamentales. Un punto de partida es simplemente elegir un ser hacia el que uno se sienta atraído.

En el caso de un árbol o una planta, podrías estudiar sus detalles botánicos, investigando el folclore o los mitos asociados a ellos y las propiedades curativas que podrían poseer sus hojas, bayas o corteza.

Puede que te sientas atraído por el estudio de determinados animales, observando sus atributos, o puede que examines un simple fragmento de cuarzo encontrado en una playa o un saliente de granito en los páramos, aprendiendo cómo se formaron.

Después de familiarizarte, puedes meditar en silencio con estos seres en la naturaleza o en tu imaginación. Podrías hablarles y tomar nota de las impresiones, sentimientos o imágenes que te vengan a la mente mientras escuchas una respuesta.

Sea cual sea el ser con el que se desee establecer una relación, hay que acercarse a él con la misma reverencia y respeto que al paisaje. Además, es importante que la relación sea recíproca: si recibimos sabiduría y guía, también nosotros debemos dar. Esto puede hacerse de muchas maneras: dejando comida para los pájaros, apoyando a organizaciones benéficas dedicadas a la fauna o a los árboles, poniendo de nuestra parte para proteger los hábitats vulnerables. Cualquier cosa que pueda redundar en el apoyo y la salud de los seres que encontremos será una ofrenda digna. Recuerda también dar las gracias por todas las bendiciones que estos seres extraordinarios nos aportan.

Conclusión: Un Viaje más profundo en el Bosque

En un mundo en el que el fundamentalismo religioso suele imponer brutalmente el "único camino verdadero", el druidismo es un oasis de libertad y un brillante ejemplo de unidad en la diversidad. Su postura no dogmática lo hace admirablemente tolerante con los diferentes enfoques y ofrece a todos la oportunidad de construir una práctica que realmente les encaje. Todas las espiritualidades pueden beneficiarse de un autoexamen regular para identificar cualquier enfoque destructivo o punto ciego, y el druidismo entiende la importancia de esto para su propia evolución y crecimiento. Nos pide que tengamos la confianza suficiente para cuestionar el camino, comprobando su validez, mientras permanecemos respetuosamente abiertos a la sabiduría de las experiencias de otros practicantes.

Esto no quiere decir que no haya momentos en los que nuestros valores e ideales más elevados puedan escaparse –los seres humanos somos complicados y todos traemos nuestros problemas a cualquier camino que pisamos–, pero el enfoque del druidismo en la creatividad alegre, su búsqueda de la sabiduría y la justicia, y su compromiso con la inclusión compasiva son luces de guía cuando la fragilidad humana enturbia las aguas.

El druidismo nos ofrece un camino que sana la división entre espíritu y materia, entre nuestros cuerpos, mentes y emociones, entre la humanidad y nuestro extraordinario planeta. Nos pide que veamos nuestra parte en el todo, que asumamos responsabilidades pero que nunca perdamos nuestra alegría infantil y la maravilla de estar vivos. El druidismo nos devuelve a la familia de la vida, no como hijos errantes de un dios padre enfadado, sino como seres reflexivos, cuestionadores y conscientes, capaces de actuar con reflexión y de cambiar positivamente, de establecer relaciones y conexiones verdaderas.

El reino del druidismo es vasto, porque su tema es la vida misma en toda su asombrosa belleza y desafiante complejidad. Cualquier tema individual del druidismo podría llenar volúmenes —su verdadera riqueza y profundidad son difíciles de capturar en un solo libro— pero si deseas ahondar en el bosque, en el dorso encontrarás algunos recursos para explorar mientras comienzas tu viaje en esta senda espiritual…

Lecturas complementarias

ÓRDENES DE DRUIDAS

La Orden de Bardos, Ovates y Druidas: organización internacional
con miles de miembros. La OBOD ofrece una excelente formación
a distancia en varios idiomas, así como actos, ceremonias y reuniones.
www.druidry.org

La Orden Druídica Británica: ofrece un programa de formación,
talleres, retiros y campamentos. **www.druidry.co.uk**

La Orden de los Druidas de Anglesey: invocando y celebrando la
importancia de Anglesey como sede principal del antiguo druidismo
británico, esta orden organiza un programa anual de formación, rituales,
talleres y otros actos. **www.angleseydruidorder.co.uk**

Ár nDraíocht Féin: A Druid Fellowship (ADF): iglesia pagana basada en
las antiguas tradiciones indoeuropeas. Ofrece culto público, estudio y
confraternización. **www.ng.adf.org**

LIBROS

Billington, Penny *The Path of Druidry: Walking the Ancient Green Way*
(Llewellyn, 2013)

Carr-Gomm, Philip *Druid Mysteries: Ancient Wisdom for the 21st Century*
(Rider, 2002)

Carr-Gomm, Philip *What do Druids Believe?* (Granta, 2006)

Carr-Gomm, Philip *Druidcraft: The Magic of Wicca and Druidry*
(Oak Tree Press, 2013)

Carr-Gomm, Philip *The Druid Way* (Thorsons, 1993)

van der Hoeven, Joanna *Pagan Portals – The Awen Alone: Walking the Path of the Solitary Druid* (Moon Books, 2014)

van der Hoeven, Joanna *The Crane Bag: A Druid's Guide to Ritual Tools and Practices* (Moon Books, 2017)

van der Hoeven, Joanna *Pagan Portals – Dancing with Nemetona: A Druid's Exploration of Sanctuary and Sacred Space* (Moon Books, 2014)

Hughes, Kristoffer *Natural Druidry* (Thoth, 2020)

Hughes, Kristoffer *From the Cauldron Born: Exploring the Magic of Welsh Legend & Lore* (Llewellyn, 2013)

Hughes, Kristoffer *Cerridwen: Celtic Goddess of Inspiration* (Llewellyn, 2021)

Restall Orr, Emma *Living Druidry: Magical Spirituality for the Wild Soul* (Piatkus, 2004)

Matthews, Caitlin *The Celtic Spirit: Daily Meditations for the Turning Year* (HarperSanFrancisco, 1999)

HISTORIA

Hutton, Ronald *The Druids* (Hambledon Continuum, 2007)

Hutton, Ronald *Blood and Mistletoe: A History of the Druids in Britain* (Yale University Press, 2011)

CARTAS

Carr-Gomm, Philip y Stephanie *Druidcraft Tarot* Illustration Will Worthington (Connections, 2004)

Carr-Gomm, Philip y Stephanie *Druid Animal Oracle* Illustration Will Worthington (Connections, 2008)

Carr-Gomm, Philip y Stephanie *Druid Plant Oracle* Illustration Will Worthington (Connections, 1994)

OGHAM Y ÁRBOLES

Billington, Penny *The Wisdom of Birch, Oak and Yew: Connect to the Magic of Trees for Guidance and Transformation* (Llewellyn, 2015)

Billington, Penny *Nine Ways to Charm a Dryad: A Magical Adventure to Connect to the Spirit of Trees* (Llewellyn, 2022)

Blamires, Steve *Celtic Tree Mysteries: Secrets of the Ogham* (Llewellyn, 1998)

Murray, Lix and Colin *The Celtic Tree Oracle: A System of Divination* Illustrated by Vanessa Card (Rider & Co, 1988)

Matthews, John *The Green Man Tree Oracle* illustrated by Will Worthington (Connections, 2003)

MITOS

Berresford Ellis, Peter *The Mammoth Book of Celtic Myths and Legends* (Robinson, 2003)

PODCASTS

DruidCast — The OBOD Podcast:
www.druidry.org/resources/druidcast-the-obod-podcast

BLOGS

Philip Carr-Gomm: www.philipcarr-gomm.com/blog

Damh the Bard: www.Paganmusic.co.uk/blog

Down the Forest Path: www.downtheforestpath.com/about

Penny Billington: www.pennybillington.com/blog

A Druid Thurible: www.luckyloom1.wordpress.com